MESSAGES, DISCOURS
DOCUMENTS DIPLOMATIQUES
RELATIFS A LA GUERRE MONDIALE

Président W. WILSON

MESSAGES, DISCOURS
DOCUMENTS DIPLOMATIQUES
RELATIFS A LA GUERRE MONDIALE

*TRADUCTION CONFORME AUX TEXTES OFFICIELS
PUBLIÉE AVEC DES NOTES HISTORIQUES ET UN INDEX*

PAR

DÉSIRÉ ROUSTAN

Professeur de philosophie au Lycée Louis-le-Grand
Traducteur de l'*Histoire du peuple américain*
du Président W. Wilson.

II

ÉDITIONS BOSSARD
43, RUE MADAME, 43
PARIS
1919

XXX

Discours au Congrès pour répondre aux discours du
Chancelier de l'empire allemand et du ministre
des Affaires étrangères de l'empire austro-hongrois. — 11 février 1918.

Dans son discours à la Commission des Affaires
étrangères de la Délégation autrichienne, prononcé le 24 janvier 1918, le Comte Czernin,
après avoir rendu compte des négociations engagées à
Brest-Litovsk, ajouta : « Bien que je ne me fasse pas
illusion au point de croire que le fruit de la paix générale puisse mûrir au cours d'une nuit, je suis cependant
convaincu qu'il est en train de mûrir et que la question
de savoir si nous obtiendrons ou non une paix générale
pleine d'honneur n'est qu'une question de persévérance.
J'ai été récemment confirmé dans cette opinion par
l'offre de paix que M. le Président des États-Unis
d'Amérique a adressée au monde entier. C'est bien là
une offre de paix; car en quatorze articles, M. Wilson indique les fondements sur lesquels il espère établir
la paix générale. Il va de soi qu'une offre de ce genre
ne saurait représenter un texte acceptable dans tous
ses détails. Si c'était le cas, les négociations seraient

alors superflues... Mais je n'hésite pas à déclarer que je trouve dans les dernières propositions du Président Wilson un rapprochement sensible vers le point de vue austro-hongrois et que parmi ses propositions il en est quelques-unes auxquelles nous donnerons avec très grand plaisir notre adhésion. » Après avoir discuté ces propositions, il conclut: « Un échange d'idées entre l'Autriche-Hongrie et les États-Unis d'Amérique servirait peut-être de point de départ à une conversation conciliatrice entre tous les États qui ne sont pas encore entrés en pourparlers au sujet de la paix. »

Le même jour le Chancelier allemand répondit au discours du Président Wilson du 8 janvier sur un ton moins conciliant.

MESSIEURS DU CONGRÈS,

Le 8 janvier j'ai eu l'honneur d'exposer devant vous la conception qu'a notre peuple des buts de cette guerre. Le premier ministre de la Grande-Bretagne avait parlé en termes analogues le 5 janvier. A ces discours le chancelier allemand a répondu le 24, et le Comte Czernin l'a fait aussi pour l'Autriche le même jour. Nous pouvons nous féliciter de voir se réaliser si promptement notre désir que tous les échanges de vues sur cette importante question aient lieu à la connaissance du monde entier.

La réponse du Comte Czernin, qui vise surtout mon discours du 8 janvier, est rédigée sur un ton très amical. Il trouve dans mes déclarations des vues suffisamment analogues à celles de son propre Gouvernement pour l'encourager à penser qu'elles fournissent une base à une discussion plus détaillée des desseins des deux Gouvernements. Il aurait, dit-on, donné à entendre que les vues qu'il exprimait m'avaient été communiquées auparavant et que je les connaissais déjà au moment où il les exposait ; mais sur ce point, j'en suis sûr, un malentendu l'a abusé. Je n'avais reçu aucune indication sur ce qu'il se proposait de dire. Il n'y avait d'ailleurs aucune raison, c'est bien évident, pour que le Comte Czernin me fît une communication particulière. Il me suffit parfaitement d'être l'un des membres de son nombreux auditoire.

La réponse du Comte von Hertling est, je dois le dire, fort vague et fort obscure. Elle est remplie de phrases équivoques et l'on ne voit pas où elle conduit. Le ton est en tout cas fort différent de celui du Comte Czernin et les intentions des deux discours paraissent opposées. Le chancelier allemand, j'ai le regret de le dire, confirme plus qu'il n'efface l'impression déplorable produite par les échos des conférences de Brest-Litovsk. Sa discussion et l'acceptation qu'il donne à nos principes généraux ne le conduisent à aucune conclusion pratique. Il refuse de les convertir en clauses efficaces qui constitueraient l'essentiel du règlement final. Il se méfie d'une action internationale et d'un conseil international.

Il accepte, dit-il, le principe de la diplomatie publique, mais il insiste manifestement pour que ce principe, tout au moins dans le cas présent, ne soit appliqué qu'aux généralités. Quant aux diverses questions particulières de territoire et de souveraineté, aux diverses questions de la solution desquelles dépendra l'acceptation de la paix par les vingt-trois États engagés en ce moment dans la guerre, il faut les discuter et les trancher, non pas dans une assemblée générale, mais séparément, par négociation entre les nations les plus immédiatement touchées, à cause de leurs intérêts ou de leur proximité. Il reconnaît que les mers doivent être libres, mais il voit d'un mauvais œil toute limitation apportée à cette liberté par une action internationale dans un intérêt commun. Il serait pleinement satisfait de voir tomber les barrières économiques entre les nations, car cette suppression ne pourrait en aucune façon gêner les ambitions du parti militaire qu'il semble obligé de ménager. Pas davantage il n'élève d'objection contre la limitation des armements. Le problème se résoudra de lui-même, pense-t-il, en raison de la situation économique après la guerre. Mais quant aux colonies allemandes, il exige qu'elles soient restituées sans contestation. Il prétend discuter avec les seuls représentants de la Russie le sort des populations et des territoires des provinces baltiques, avec le seul gouvernement de la France les « conditions » de l'évacuation du territoire français, avec la seule Autriche la question de la Pologne. Pour trancher toutes les questions balkaniques il s'en remet, si je le comprends bien, à l'Autriche et à la Turquie, et c'est aux autorités turques elles-mêmes qu'il laisse le soin de régler le sort des populations non-turques de l'empire ottoman actuel. Une fois achevé le règlement général selon la précédente méthode, au moyen de trocs et de marchandages particuliers, il n'aurait plus d'objection, si j'interprète exactement ses déclarations, contre l'institution d'une ligue des nations qui s'appliquerait à maintenir le nouvel équilibre des puissances contre toute perturbation extérieure.

Il doit être évident, pour quiconque se rend compte des changements apportés par cette guerre dans l'opinion et dans les dispositions du monde entier, qu'on ne saurait obtenir par de tels procédés une paix générale, digne des infinis sacrifices qu'ont coûtés ces années de tragiques souffrances. La méthode que propose le chancelier allemand est celle du Congrès de Vienne. Nous ne pouvons pas, nous ne voulons pas y revenir. Le but de nos efforts aujourd'hui, c'est la paix du monde, c'est l'établissement d'un nouvel ordre international, fondé sur les principes larges et universels de la justice et du droit ; nous ne voulons pas d'une paix faite de pièces et de morceaux. Est-il possible que le Comte von Hertling ne voie point cela, ne le saisisse pas, que vraiment sa pensée continue de vivre dans un passé mort et révolu ? A-t-il complètement oublié les résolutions votées par le Reichstag le 19 juillet ou bien les ignore-t-il de propos délibéré ? Elles parlaient des conditions d'une paix générale, non point d'un agrandissement national ou d'arrangements entre États particuliers. La paix du monde dépend d'un juste règlement de chacun des problèmes que j'ai signalés dans mon récent discours au Congrès. Évidemment je ne veux pas dire que la paix du monde dépende de l'acceptation de telle série particulière de propositions relatives à la manière d'aborder ces problèmes. Je veux dire seulement que ces problèmes, tous sans exception, concernent le monde entier, que si on ne les traite dans un esprit de justice, sans égoïsme et avec impartialité, en tenant compte des désirs des peuples, des liens naturels, des aspirations de race, de tout ce qui peut donner de la sécurité et du contentement aux esprits, jamais on n'obtiendra de paix durable. On ne peut les discuter séparément ou en petit comité. Aucun d'eux ne concerne un intérêt particulier qu'on ait le droit de soustraire à la juridiction de l'opinion mondiale. Tout ce qui touche à la paix intéresse l'humanité et rien de ce qui est réglé par la force militaire, si le règlement est injuste, n'est vraiment réglé : la même question se poserait peu après à nouveau.

Le Comte von Hertling ne se rend-il pas compte qu'il parle devant la barre de l'humanité, que toutes les nations du monde, sorties de leur torpeur, siègent maintenant dans le tribunal qui juge les déclarations de tout homme public, de tout peuple, relatives aux fins d'un conflit qui s'est étendu à toutes les régions de l'univers ? Les résolutions du Reichstag de juillet dernier elles-mêmes ont accepté nettement les décisions de cette cour résumées dans la formule : pas d'annexions, pas de contributions de guerre, pas de dommages infligés à titre de châtiments. Il ne doit plus être question de transférer les peuples d'une puissance à une autre à la suite d'une simple conférence internationale ou d'un accord entre rivaux et antagonistes. Les aspirations nationales doivent être respectées ; désormais les peuples ne doivent plus être dominés et gouvernés qu'avec leur propre consentement.

La « libre disposition de soi-même »(¹) n'est pas une simple phrase. C'est un principe d'action impératif que dans l'avenir les hommes d'État n'ignoreront qu'à leur détriment. Nous ne pouvons obtenir une paix générale sur simple demande ou en nous contentant de provoquer une conférence de la paix. La paix générale ne peut être faite de pièces et de morceaux, en juxtaposant des arrangements particuliers conclus entre États puissants. Toutes les nations engagées dans cette guerre doivent régler ensemble toutes les questions qu'elle a posées, parce que nous recherchons une paix telle que nous puissions tous nous unir pour la garantir et la défendre, dont chaque clause soit soumise au jugement de tous pour qu'il déclare qu'elle est équitable et loyale, acte de justice et non pas marchandage entre souverains.

Les États-Unis n'ont aucun désir d'intervenir dans les affaires européennes ou de jouer le rôle d'arbitres au sujet des territoires européens disputés. Ils se

---

(¹) Le texte anglais contient une expression très concise : « Self-determination », expression peu courante dans ce sens. M. Arthur Roy Leonard remarque que le Président Wilson crée une formule nouvelle pour parler du consentement des gouvernés et du droit qu'a chaque peuple de déterminer le régime sous lequel il désire vivre.

refuseraient à profiter d'un trouble intérieur ou de toute cause analogue de faiblesse pour imposer leur volonté à un autre peuple. Ils sont tout prêts à accepter qu'on leur démontre que les solutions qu'ils ont proposées ne sont pas les meilleures et les plus durables. Ils n'ont voulu présenter qu'une esquisse provisoire pour faire connaître leurs principes et les moyens de les appliquer. Ils sont entrés dans la guerre parce qu'eux aussi se trouvaient atteints, qu'ils le voulussent ou non, par les attentats barbares et honteux des maîtres militaires de l'Allemagne contre la paix et la sécurité du genre humain. Et les conditions de la paix les toucheront d'aussi près que n'importe quelle nation à laquelle est échu un rôle prépondérant dans le maintien de la civilisation. Ils ne voient pas le moyen de faire la paix tant que les causes de cette guerre ne seront pas écartées, tant que son retour n'aura pas été rendu aussi impossible qu'il se peut.

Cette guerre a eu pour cause profonde le mépris des droits des petits peuples et des nationalités qui manquaient de l'union et de la force nécessaires pour soutenir leur juste prétention à déterminer eux-mêmes leurs allégeances et les formes de leur vie politique. Des conventions doivent être maintenant conclues pour empêcher à tout jamais de pareils abus et il faut que le respect de ces conventions soit imposé par les forces réunies de toutes les nations qui aiment la justice et entendent la défendre à tout prix. Si les conditions territoriales et les relations politiques de populations importantes, mais dépourvues d'organisation et de force de résistance, doivent être déterminées par des arrangements entre les gouvernements puissants qui se considèrent comme les plus directement intéressés, ainsi que le propose le Comte von Hertling, pourquoi ne pourrait-on régler de la même façon les questions économiques? Dans le monde nouveau où nous vivons maintenant, il se trouve que les exigences de la justice, le respect des droits des peuples posent un problème international, intéressant tout l'univers, au même titre que l'obtention des matières premières et de justes et équitables conditions commerciales.

Le Comte von Hertling demande que les bases essentielles de la vie commerciale et industrielle soient sauvegardées par l'entente et la garantie de tous, mais il ne saurait espérer qu'on lui concède cela si les autres questions que règleront les clauses de la paix ne sont pas traitées de la même façon, comme autant d'articles du compte final. Il ne peut pas réclamer le bénéfice d'un accord général sur une certaine question et le refuser sur une autre. Il voit bien, — je tiens cela pour acquis, — que des ententes séparées et égoïstes, relatives au commerce et aux matières premières essentielles à la fabrication, ne seraient pas de nature à fonder solidement la paix. Qu'il soit convaincu qu'il en serait de même d'ententes séparées et égoïstes relatives au sort des provinces et des peuples.

Le Comte Czernin semble avoir une vision nette des conditions fondamentales de la paix. Il voit que la constitution d'une Pologne indépendante, composée de tous les peuples indiscutablement polonais habitant des territoires contigus est une question qui intéresse toute l'Europe et qu'il faut naturellement y consentir. Il voit que la Belgique doit être évacuée et restaurée, quelques sacrifices et concessions que cela comporte, et que les aspirations nationales doivent être satisfaites, même au sein de l'empire austro-hongrois, dans l'intérêt commun de l'Europe et de l'humanité. S'il garde le silence sur les questions qui touchent aux intérêts et aux desseins de ses alliés plus qu'à ceux de l'Autriche en particulier, ce doit être, je le suppose, parce qu'il se sent contraint, dans le cas présent, d'agir avec déférence à l'égard de l'Allemagne et de la Turquie. Voyant et admettant, comme il le fait, les principes essentiels qui s'imposent et la nécessité de les appliquer loyalement, il sent naturellement que l'Autriche peut adhérer au programme de paix exposé par les États-Unis avec moins d'embarras que ne pourrait le faire l'Allemagne. Il fût allé probablement beaucoup plus loin, s'il n'eût été gêné par les alliances de l'Autriche et sa dépendance à l'égard de l'Allemagne.

En somme le moyen de savoir si les deux gouvernements peuvent poursuivre cet échange de vues est simple et s'offre de lui-même. Les principes à appliquer sont les suivants :

1° Chaque partie du règlement final doit reposer sur ce qui est la véritable justice dans chaque cas particulier et sur les arrangements les plus propres selon toute vraisemblance à fonder une paix définitive;

2° Les peuples et les provinces ne doivent plus être

troquées entre les gouvernements comme des troupeaux ou des pions sur un échiquier, même quand il s'agit de ce grand échiquier à jamais discrédité qu'est l'équilibre des puissances ;

3° Tout au contraire, tout règlement territorial auquel cette guerre donnera lieu doit être conclu dans l'intérêt et pour le plus grand profit des populations en cause, non pas comme simple clause d'arrangement ou de compromis entre les ambitions d'Etats rivaux ;

4° A toutes les aspirations nationales bien définies la plus large satisfaction devra être accordée ; on évitera d'introduire de nouveaux éléments de discorde et d'antagonisme ou de perpétuer ceux qui existaient et qui ne pourraient manquer de compromettre un jour la paix de l'Europe et par conséquent du monde.

Une paix générale établie sur de tels fondements peut être discutée. Tant qu'une paix de ce genre ne sera pas assurée, nous n'aurons pas d'autre alternative que de continuer la guerre. Autant que nous en pouvons juger, ces principes que nous regardons comme essentiels sont déjà universellement reconnus impérieusement nécessaires, sauf pourtant par les porte-parole du parti militaire et annexionniste en Allemagne. S'ils ont jamais été rejetés ailleurs, leurs adversaires n'ont pas été assez nombreux ou influents pour se faire entendre. Ce qu'il y a de tragique dans la présente situation, c'est que cet unique parti en Allemagne soit apparemment désireux et capable d'envoyer des millions d'hommes à la mort pour empêcher ce qui, pour le monde entier, est maintenant la justice.

Je ne serais pas le fidèle porte-parole du peuple des États-Unis si je ne répétais une fois de plus que nous ne sommes pas entrés dans cette guerre sur un prétexte futile et que nous ne reviendrons jamais en arrière maintenant qu'un principe a dicté notre choix. Une partie de nos ressources est déjà mobilisée, nous ne nous arrêterons pas qu'elles ne le soient entièrement.

Nos armées s'avancent rapidement vers le front de combat, elles s'y porteront de plus en plus vite. Quelles que soient les difficultés, les lenteurs qui se remarquent ici ou là, c'est la totalité de nos forces qui seront jetées dans cette guerre d'émancipation qui nous libérera des menaces et des tentatives d'asservissement d'une classe égoïste d'autocrates. Rien ne domptera l'énergie que nous mettons au service de notre volonté d'indépendance et jamais nous ne consentirons à vivre dans un monde gouverné par la ruse et par la violence. Nous sommes convaincus que notre désir d'un nouvel ordre international où prévaudront la raison, la justice, le souci des intérêts généraux de l'humanité, est le désir de tous les hommes éclairés en tout pays. Si cet ordre ne se réalisait pas, le monde ne connaîtrait plus la paix, l'homme ne pourrait vivre ni se développer dans un milieu tolérable. Après avoir entrepris la tâche d'établir cet ordre de choses nouveau, nous ne reviendrons pas en arrière.

Je crois inutile d'ajouter qu'aucun mot de ce qui

précède ne doit être interprété comme une menace.
Une menace ne serait pas dans le caractère de notre
peuple. J'ai voulu seulement que le monde entier sût
quel est le véritable esprit de l'Amérique, que par
tout pays on pût se rendre compte que notre passion
pour la justice, pour le principe du gouvernement
des peuples par eux-mêmes, n'est pas affaire de mots :
c'est une passion qui une fois éveillée doit être satisfaite. La puissance des États-Unis ne menace aucune
nation, aucun peuple. Elle ne servira jamais à aucune
agression, à aucun accroissement que réclameraient
nos intérêts égoïstes. Née de la liberté, elle reste au
service de la liberté.

XXXI

MESSAGE AUX SOVIETS DE TOUTES LES RUSSIES ASSEMBLÉS
A MOSCOU, TÉLÉGRAPHIÉ LE 11 MARS 1918 DE WAS-
HINGTON AU CONSUL GÉNÉRAL D'AMÉRIQUE A MOSCOU([1]).

PUIS-JE me permettre, à l'occasion de l'ouverture du Congrès des Soviets, d'exprimer la
sincère sympathie que nourrit le peuple des
États-Unis à l'égard du peuple russe, à cette heure
où la puissance allemande s'est jetée à la traverse
pour arrêter et dévier tous les efforts en faveur de la
liberté, pour substituer sa volonté aux desseins du
peuple russe?

Si le gouvernement des États-Unis n'est malheureusement pas, présentement, en état de fournir
l'aide directe et efficace qu'il voudrait prêter, je
tiens à donner au peuple russe, par l'intermédiaire
de ce Congrès, l'assurance que les États-Unis saisi-
ront toute occasion de restituer et de garantir à la
Russie le complet exercice de sa souveraineté, son
absolue indépendance politique, de la remettre en

([1]) Nous traduisons ce Message d'après le texte du *New York Times,*
22 mars 1918.

possession du grand rôle qui lui revient dans la vie de l'Europe et du monde moderne.

Le peuple tout entier des États-Unis est de cœur avec le peuple russe quand celui-ci lutte pour s'affranchir d'un gouvernement autocratique et redevenir le maître de sa propre destinée.

Signé : Woodrow Wilson.

XXXII

L E *discours prononcé par le Président Wilson au Congrès le 11 février 1918 provoqua une réponse du Chancelier allemand, réponse d'ailleurs vague, ironique et blessante. En accordant que les propositions du Président « constituaient peut-être un léger progrès vers un rapprochement », il s'efforça de les représenter comme des naïvetés ou des anachronismes. Dans l'insistance du Président pour réclamer une paix fondée sur la justice, il ne vit que la réédition « d'une formule énoncée il y a quinze cents ans par l'illustre père de l'Église, Saint Augustin ». La bonne foi même du Président fut mise en doute : « Je ne voudrais pas être impoli, mais à se rappeler certaines déclarations antérieures de M. Wilson, on serait tenté de le croire victime de l'illusion qui voit en Allemagne une opposition entre le gouvernement autocratique et une masse populaire privée de tout droit. Et pourtant, le Président des*

États-Unis, à en juger du moins par l'édition allemande de son livre sur « L'État », connaît les ouvrages allemands de droit constitutionnel ».

Le 3 mars 1918 fut signé entre l'Allemagne et la Russie un traité par lequel celle-ci cédait Batoum, Kars et Ardahan à la Turquie, renonçait à sa souveraineté sur la Courlande, la Pologne et la Lithuanie, à l'exception d'une partie de la province de Grodno, consentait à évacuer la Livonie et l'Esthonie et reconnaissait l'indépendance de la Finlande et de l'Ukraine. Cette paix montrait fort clairement ce que valaient les paroles du Chancelier allemand quand il déclarait souscrire aux quatre principes du Président Wilson.

CONCITOYENS,

C'est aujourd'hui l'anniversaire du jour où nous acceptâmes le défi de l'Allemagne, décidés à combattre pour notre droit de vivre et de rester libres, pour les droits sacrés des hommes libres en tous pays. La nation s'est réveillée. Plus n'est besoin de multiplier les appels. Nous savons ce que la guerre doit coûter : des sacrifices extrêmes, la vie de nos hommes les meilleurs, et, s'il le faut, tout ce que nous possédons. L'emprunt que nous avons à discuter, bien qu'impérieusement nécessaire, est une des moindres parties de ce que nous sommes appelés à donner et à accomplir. Tout le monde dans ce pays en comprend la nécessité et s'apprête à souscrire dans la plus large mesure, même s'il faut pour cela âprement économiser et prendre chaque jour sur de maigres ressources. Notre peuple regardera avec réprobation et mépris ceux qui peuvent et ne veulent pas, ceux qui réclament un taux plus élevé, ceux qui ne voient dans l'emprunt qu'une simple opération commerciale. C'est pourquoi je ne viens pas ici pour insister sur l'emprunt. Je viens seulement pour vous donner, si je puis, une conception plus vive de ce dont il s'agit avec cet emprunt.

Les raisons de cette grande guerre, la raison pour laquelle elle devait fatalement venir, la nécessité qui s'impose de la mener jusqu'au bout, les conséquences qui dépendront de son issue, tout cela se manifeste aujourd'hui plus clairement que jamais. Il est facile de voir exactement ce que cet emprunt signifie parce que la cause pour laquelle nous combattons apparaît maintenant en plus vive lumière que dans tous les moments critiques antérieurs de cette lutte décisive. Le plus ignorant des hommes peut à cette heure voir nettement comment se présente la cause de la justice et à quel bien impérissable on lui demande de lier sa fortune. Les citoyens américains peuvent être plus sûrs qu'ils ne l'ont jamais été que cette cause est la leur, et que, s'il arrivait qu'elle fût perdue, notre grande nation perdrait sa place et sa mission dans le monde.

Je vous prends à témoin, mes compatriotes, qu'en aucun moment de cette terrible affaire, je n'ai jugé les buts de l'Allemagne sans modération. J'aurais honte, en présence de problèmes aussi graves, aussi décisifs pour les destinées de l'humanité, de parler

avec emportement, de me servir du faible langage de
la haine et de la vengeance. Nous devons juger comme
nous voudrions être jugés. J'ai cherché à connaître
les buts de l'Allemagne dans cette guerre de la bouche
de ses propres porte-parole, et à agir aussi franchement avec eux que je désirais qu'ils agissent avec
moi. J'ai dévoilé notre propre idéal, nos propres buts,
sans aucune réserve ni ambiguïté, et je leur ai demandé de me dire aussi nettement ce qu'ils veulent.

Pour nous, nous n'avons en vue ni injustice, ni
agression. Nous sommes prêts, au moment du règlement final, à nous montrer justes envers le peuple
allemand, à agir loyalement envers la puissance germanique, aussi bien qu'envers toutes les autres. Il
ne peut y avoir aucune différence entre les peuples
lors du jugement final, si ce jugement est vraiment
équitable. Proposer à l'Allemagne quelque chose
d'autre que la justice, qu'une justice impartiale et
exempte de passion, à quelque moment que ce soit,
et quelle que soit l'issue de la guerre, serait renoncer
à notre propre cause et la déshonorer; car nous ne
demandons rien que nous ne soyons disposés à accorder.

C'est dans cet esprit que j'ai cherché à apprendre
de ceux qui parlaient au nom de l'Allemagne si c'était
la justice, ou au contraire l'hégémonie, et l'imposition
de leurs propres desseins aux autres nations du
monde, que les gouvernants allemands recherchaient.
Ils ont répondu, et dans des termes sur lesquels on
ne saurait se méprendre: ils ont avoué que ce n'était
pas la justice, mais bien l'hégémonie qu'ils voulaient,

et la pleine liberté de soumettre le monde à leurs volontés.

Cet aveu n'est pas venu des hommes d'État de l'Allemagne. Il est venu de ses chefs militaires qui sont ses véritables maîtres. Ses hommes d'État ont dit qu'ils désiraient la paix et qu'ils étaient prêts à en discuter les conditions, quand leurs adversaires seraient disposés à s'asseoir avec eux à la table de la Conférence. Le Chancelier allemand actuel a dit, — en termes vagues et incertains, et dans des phrases qui semblent souvent se contredire, il est vrai, mais avec autant de netteté qu'il jugeait prudent, de le faire, — qu'il pensait que la paix devait être fondée sur les principes mêmes que nous avions déclarés être les nôtres lors du règlement final. A Brest-Litovsk, les délégués civils allemands ont parlé en termes semblables, et exposé leur désir de conclure une paix équitable et d'accorder aux peuples dont ils déterminaient les destinées, le droit de disposer librement d'eux-mêmes. Mais l'action a accompagné et suivi ces déclarations. Les maîtres militaires, les hommes qui agissent pour l'Allemagne et révèlent ses desseins en passant aux actes, ont proclamé des conclusions toutes différentes. Nous ne pouvons nous tromper sur ces actes, sur ce que ces hommes ont fait en Russie, en Finlande, en Ukraine et en Roumanie. Le temps est venu de voir à l'épreuve leur esprit de justice et l'honnêteté de leur jeu. Et sur cette épreuve nous pouvons juger de tout le reste. Ils remportent actuellement en Russie un triomphe à bon marché, un triomphe dont aucune nation brave et courageuse ne saurait tirer longtemps fierté. Un grand peuple, rendu impuissant par sa faute, se trouve pour l'instant à leur merci. Leurs belles déclarations, du coup, sont oubliées. Nulle part ils n'instaurent la justice, mais partout ils imposent leur pouvoir, exploitent toute chose pour leur propre usage et leur propre agrandissement ; et c'est sous leur tyrannie que les peuples des provinces conquises sont invités à être libres !

Ne sommes-nous pas fondés à croire qu'ils feraient de même sur le front occidental, s'ils ne se trouvaient là face à face avec des armées que malgré leurs innombrables divisions ils ne peuvent vaincre ? Et si, lorsqu'ils sentiront que leur échec est définitif, ils proposaient des conditions de paix favorables, équitables, concernant la Belgique, la France et l'Italie, pourraient-ils nous blâmer si nous en tirions la conclusion qu'ils ne le font que pour avoir les mains libres en Russie et dans l'Est ?

Leur but est sans aucun doute de soumettre à leur volonté et à leur ambition tous les peuples slaves, toutes les nations indépendantes et ardentes de la péninsule des Balkans (¹), tous les pays que la Turquie a dominés et tyrannisés ; leur but est d'édifier sur eux cet empire de la domination et de la force, sur lequel ils s'imaginent pouvoir dresser ensuite l'empire du gain et de la suprématie commerciale, — empire aussi hostile aux deux Amériques qu'à l'Europe qu'il intimidera, — empire qui dominera en

---

(¹) Les deux meilleurs textes que nous avons sous les yeux, celui du recueil Albert Shaw et celui du recueil J. B. Scott, portent « *of the Baltic peninsula* ». Nous croyons cependant à une erreur typographique.

dernier lieu la Perse, l'Inde et les peuples de l'Extrême-Orient. Dans un tel programme, notre idéal, idéal de justice, d'humanité, de liberté, le principe du droit absolu des nations à disposer d'elles-mêmes, sur lesquels tout le monde moderne insiste, ne peuvent jouer aucun rôle. Tout cela est rejeté, remplacé par l'idéal ennemi de domination, par le principe que le fort doit gouverner le faible, que le commerce doit suivre le pavillon (que cela plaise ou non à ceux auxquels il est apporté), que les peuples du monde doivent être soumis à la tutelle seigneuriale de ceux qui ont le pouvoir de la leur imposer.

Ce programme une fois exécuté, l'Amérique et tous ceux qui entendraient se tenir à ses côtés ou qui l'oseraient, devraient s'armer et se préparer à contester la maîtrise du monde, cette maîtrise où les droits de tous les gens du peuple, des femmes, de tous ceux qui sont faibles, auraient été pour un temps foulés aux pieds et dédaignés. Alors la lutte déjà séculaire pour la liberté et le droit serait à recommencer entièrement. Alors toutes ces choses pour lesquelles l'Amérique a vécu, qu'elle a aimées, pour lesquelles elle a grandi afin de les défendre et de les réaliser glorieusement, ne seraient plus que ruines lamentables ; alors les portes de la miséricorde se seraient une fois de plus impitoyablement fermées sur l'humanité.

L'entreprise est absurde, impossible. Et cependant, n'est-ce pas à cela que tendent toutes les démarches, toutes les actions des forces allemandes, partout où elles se sont portées ? Je ne désire pas, même en ce moment de désillusion complète, porter un jugement téméraire ou injuste. Je constate seulement ce que les armes allemandes ont accompli sans ménagements ni pitié dans toutes les belles régions où elles ont pénétré.

Que devons-nous donc faire? Pour moi, je suis prêt, je suis toujours prêt, même maintenant, à discuter les conditions d'une paix équitable, juste et honnête, dès qu'on en manifestera le sincère désir, une paix dans laquelle le fort et le faible seront traités de même. Mais quand j'ai proposé une telle paix, la réponse m'a été fournie par les commandants allemands en Russie, et je ne puis me méprendre sur la signification de cette réponse.

J'accepte donc le défi, je sais que vous l'accepterez avec moi. Le monde entier saura que vous l'acceptez. Vous prouverez que vous le relevez par l'esprit complet de sacrifice et d'abnégation avec lequel nous donnerons tout ce que nous aimons, tout ce que nous possédons, pour délivrer le monde, pour permettre aux hommes libres comme nous d'y vivre. Voilà désormais le sens de tout ce que nous faisons. Que tout ce que nous dirons, mes compatriotes, que tout ce que nous projetterons et accomplirons désormais rende le même son que cette réponse, et le jour viendra enfin où la noblesse de nos intentions, la puissance qui résulte de notre union s'imposeront à l'attention de nos adversaires, triompheront de la force brutale de ceux qui n'ont que moquerie et mépris pour ce que nous honorons et chérissons. L'Allemagne a dit une fois de plus que la force, la force seule, devra décider si la

justice et la paix régneront parmi les hommes, si le
Droit, comme l'Amérique le conçoit, ou la Suprématie
d'un seul, comme l'Allemagne la conçoit, réglera les
destinées de l'humanité. Il n'y a par conséquent pour
nous qu'une seule réponse possible : c'est la Force,
la Force à outrance, sans restriction ni limite, la
Force ici justifiée, qui, triomphante, fera du droit
la loi du monde, et renversera dans la poussière
toutes les tyrannies égoïstes.

XXXIII

Discours prononcé au Métropolitan-Opera de New York devant les représentants de la Croix-Rouge, le 18 mai 1918.

Monsieur le Président,
Mes chers concitoyens,

Je regretterais vivement que M. Davison eût, si peu que ce fût, écourté son si intéressant discours par crainte de retarder le mien ; car je suis sûr que vous avez écouté comme moi, avec l'intérêt le plus intense et le plus ému, le compte rendu extraordinairement animé qu'il nous apporte d'une œuvre qu'il sait faire vivre sous nos yeux, parce qu'il en a pris sa part de l'autre côté de l'océan. Cette œuvre nous l'évoquons dans notre imagination, lui est un témoin direct. Aussi ne suis-je point venu ce soir vous exposer le travail accompli par la Croix-Rouge. Je n'ai pas la compétence nécessaire, le temps et l'occasion m'ayant manqué pour l'étudier en détail. Je suis venu ici tout simplement pour vous dire quelques mots sur le sens que tous ces événements me paraissent avoir, car ils sont d'une portée considérable.

Nous nous trouvons en face de deux devoirs. Le premier est de gagner la guerre. Et le second, qui va de pair avec le premier, c'est de la gagner dignement et noblement, en montrant non pas seulement la réelle grandeur de notre puissance, mais encore la réelle qualité de nos intentions et de nos âmes. Naturellement le premier de ces devoirs, celui que nous devons maintenir au premier plan dans notre pensée jusqu'à ce qu'il soit accompli, c'est de gagner la guerre. J'ai entendu dernièrement des gens dire que nous devons lever cinq millions d'hommes. Pourquoi nous limiter à cinq millions?

J'ai demandé au Congrès des États-Unis de n'assigner aucune limite parce que la volonté du Congrès, comme celle de nous tous, j'en suis sûr, c'est que tout navire en état de transporter des hommes et du matériel parte chargé à chaque voyage d'autant d'hommes et de matériel qu'il peut en transporter. Et nous ne nous laisserons pas détourner de notre farouche résolution de gagner la guerre par aucune manœuvre déloyale en vue de la paix. Je puis dire en toute conscience que j'ai pesé ces propositions et que je les ai reconnues déloyales. Je les prends maintenant pour ce qu'elles sont: un moyen pour nos ennemis d'avoir les mains libres spécialement en Orient, pour réaliser leurs projets de conquête et d'exploitation.

Toute proposition tendant à un accord en Occident enveloppe une réserve en ce qui concerne l'Orient. Or pour ma part j'ai l'intention de soutenir la Russie aussi bien que la France. Ceux qui sont sans soutien et

sans amis sont précisément ceux qui ont besoin
d'amis et de secours, et s'il est un seul Allemand qui
nous croie prêts à sacrifier qui que ce soit à nos propres intérêts, je lui déclare qu'il se trompe. Car la
gloire de cette guerre, mes chers concitoyens, en ce
qui nous concerne, c'est qu'elle est, fait unique peut-
être dans l'histoire, une guerre désintéressée. Je ne
saurais être fier de combattre pour un dessein égoïste,
mais je puis être fier de combattre pour l'humanité. Si les Allemands veulent la paix, qu'ils envoient
des représentants accrédités et posent leurs conditions sur le tapis. Nous avons posé les nôtres, ils
savent ce qu'elles sont.

Mais cette farouche résolution, mes amis, nous
offre l'occasion de prouver non seulement notre
force, — qui sera prouvée jusqu'à l'extrême limite, —
mais encore de révéler notre caractère, dont l'œuvre
de la Croix-Rouge est une éclatante manifestation.
Non certes que nos combattants ne représentent pas
notre caractère ; ils en sont bien les représentants
et ils le font estimer et admirer de tous ceux qui
voient et se rendent compte. Mais leur tâche est celle
de la force. Celle de la Croix-Rouge est faite de
commisération, d'assistance et d'amitié.

Vous êtes-vous représenté en imagination tout ce
que cette guerre est en train de transformer chez
nous et en tout pays ? Pour ma part j'ai la conviction
qu'un siècle de paix n'aurait pu faire autant pour
l'union de notre nation que cette seule année de
guerre ; résultat meilleur encore s'il est possible,
cette guerre est en train d'unir le monde entier. Regar-

dez le tableau. Au centre quatre nations luttant contre le monde et profitant du moindre avantage pour montrer qu'elles recherchent des accroissements intéressés ; contre elles vingt-trois puissances représentant la plus grande partie de la population du monde, rapprochées l'une de l'autre par un sentiment nouveau de la communauté des intérêts et de l'unité de la vie. Le ministre de la Guerre m'a raconté l'autre jour un incident intéressant. Lorqu'il était en Italie, un membre du gouvernement italien lui expliquait les nombreuses raisons pour lesquelles l'Italie se sentait si proche des États-Unis : « Si vous voulez faire une expérience intéressante, lui dit-il, approchez-vous de l'un quelconque de ces trains de soldats et demandez en anglais combien d'entre eux sont allés en Amérique. Vous verrez ce qui arrivera. » Le ministre fit l'expérience. Il s'approcha d'un train et dit : « Combien d'entre vous sont-ils allés en Amérique ? » Et il lui sembla, m'a-t-il raconté, que la moitié de ces hommes se levaient, criant : « Moi, à San Francisco ; moi, à New-York... » Ils étaient allés partout ! Il y avait une partie du cœur de l'Amérique dans l'armée italienne. Des hommes qui nous avaient fréquentés, nous connaissaient, qui avaient vécu parmi nous, travaillé côte à côte avec nous, désormais amis de l'Amérique, combattaient pour leur terre natale, l'Italie.

L'amitié est le seul ciment qui maintiendra jamais le monde uni. Et ce contact si étroit de la grande Croix-Rouge avec les peuples qui souffrent les horreurs et les privations de cette guerre va être un

des moyens les plus efficaces que le monde ait jamais
connus pour instituer cette amitié. Le centre, le cœur
de tout cela, si nous y aidons suffisamment, ce sera
ce pays même qui nous est si cher.

Mes amis, le grand jour du devoir est venu et le
devoir révèle l'âme de l'homme comme aucune autre
épreuve ne la révèlerait. Puis-je le dire? Notre
devoir à cette heure est de nous servir les uns les
autres et personne n'a le droit de s'enrichir par
cette guerre. Il y a parmi nous des gens qui ont
oublié cela s'ils l'ont jamais su. Quelques-uns d'entre
vous sont, comme moi-même, assez âgés pour se
souvenir d'hommes qui avaient fait fortune pendant
la guerre civile et vous savez avec quel mépris leurs
concitoyens les regardaient. On combattait alors
pour le salut d'un pays, nous combattons aujour-
d'hui pour le salut du monde. Quant à votre propre
salut, c'est par vos relations avec la Croix-Rouge et
d'autres institutions du même ordre que vous le pré-
parerez. Vous ne pouvez rien donner au gouvernement
des États-Unis, il ne pourrait accepter. Il y a une
loi votée par le Congrès qui interdit à l'État d'accepter gratuitement même des services. La seule chose
qu'il puisse accepter c'est un prêt, c'est l'accomplissement du devoir. Mais il est bien autrement beau
de donner que de prêter ou de rétribuer, et le grand
canal où se concentrent vos dons c'est la Croix-Rouge
américaine.

Au fond de votre cœur vous ne pouvez, tout bien
considéré, vous réjouir grandement de prêter au
gouvernement des États-Unis, car l'intérêt que vous

touchez vous brûlera les poches. C'est en somme une affaire commerciale et pourtant certains ont osé chicaner sur le taux de l'intérêt sans se douter des commentaires auxquels prête inévitablement leur attitude. Mais quand vous donnez, quelque chose de votre cœur, quelque chose de votre âme, de vous-même accompagne le don, surtout quand celui-ci est de telle nature qu'il ne peut jamais vous revenir sous forme de bénéfice direct. Vous connaissez la vieille définition cynique de la gratitude : « L'attente agréable des faveurs à venir ». Eh bien, il n'y a aucune faveur à attendre à l'occasion de ce genre de dons. Ils sont dispensés pour faire du monde un lieu où la vie soit meilleure, pour que les personnes puissent être secourues, les foyers restaurés, les souffrances soulagées, pour que la face de la terre soit délivrée de cette lèpre dévastatrice, pour qu'en toute région que nous ouvrira la force, pénètrent aussi la pitié et l'assistance.

Et quand vous donnez, donnez absolument tout ce dont vous pouvez disposer, et ne vous croyez pas généreux pour cela. Si vous donnez par amour-propre, vous ne donnez pas vraiment, vous sacrifiez à votre propre vanité. Mais si vous donnez jusqu'à en souffrir, alors votre cœur saigne et participe à vos dons.

Et voyez quelle œuvre nous avons sous les yeux ! Nous l'appelons la Croix-Rouge américaine, mais ce n'est qu'un rameau d'une vaste organisation interna-tionale, reconnue non seulement par les lois de tous les gouvernements civilisés du monde, mais par des conventions et des traités internationaux, reconnue et acceptée comme l'institution attitrée par laquelle s'exercent la pitié et la bienfaisance. Or l'une des flétrissures les plus infamantes que porte l'armée allemande, c'est le crime de n'avoir pas respecté la Croix-Rouge.

Cela nous mène au fond de la question. Les Allemands n'ont même pas respecté l'organisation qu'ils avaient contribué à créer et qui devait être sacrée à tous parce qu'elle exprimait nos communs sentiments d'humanité. Étant membres de la Croix-Rouge américaine nous sommes de ce fait membres d'une vaste amitié, d'une confrérie qui s'étend sur le monde entier et cette croix que portaient ces dames aujourd'hui est l'emblème de la chrétienté elle-même.

Mon imagination est pleine, Mesdames et Messieurs, de la pensée de ces femmes qui, dans tout ce pays, sont occupées ce soir, et tous les soirs et tous les jours, à travailler pour la Croix-Rouge, occupées avec un zèle ardent à découvrir ce qu'elles peuvent faire de plus utile, qui pour cette tâche oublient toute la frivolité de leurs relations sociales d'antan, prêtes à retrancher sur leurs obligations ménagères pour participer à l'œuvre commune à laquelle elles ont donné tout leur cœur et qui rapproche leurs cœurs les uns des autres.

Quand on pense à tout cela, on voit clairement combien l'union s'est faite étroite dans ce peuple qui forme une grande famille resserrée par l'affection, dont le cœur est prêt à secourir non seulement les soldats, mais aussi les civils toutes les fois qu'ils souffrent, qu'ils sont accablés par la misère et le désespoir. Vous avez devant vous le noble spectacle de la justice et de la compassion mises toutes deux au service de la liberté. Car c'est seulement lorsque les hommes sont libres qu'ils nourrissent des pensées de fraternité ; c'est seulement lorsqu'ils sont libres qu'ils pensent à sympathiser ; c'est seulement quand ils sont libres qu'ils s'entr'aident ; c'est seulement quand ils sont libres qu'ils prennent conscience de leur dépendance les uns à l'égard des autres, de la solidarité qui les unit dans leurs intérêts et en face du besoin.

J'ai entendu l'autre jour une histoire risible, qui mérite cependant d'être rapportée parce qu'elle contient un germe de vérité. Un Indien s'était engagé dans l'armée. Il revint à sa « Réserve », en permission. On lui demanda ses impressions. Il répondit : « Pas beaucoup bon ; trop beaucoup saluts, pas beaucoup tirer fusil. » On lui demanda s'il allait retourner : « Oui. » — « Savez-vous pourquoi vous combattez ? » — « Oui, moi savoir ; combattre pour faire tout ce sacré monde parti démocratique. » Il est évident qu'il avait mal interprété une phrase innocente de mes discours.

Mais après tout, bien qu'il ne s'agisse point des ambitions d'un parti dans cette guerre, le mot « parti » mis à part, il n'avait pas tort de vouloir rendre le monde entier « démocratique », si l'on entend par là qu'il faut lui donner le sens de ses communs intérêts et de son unique mission. Si vous pouviez lire, Mesdames et Messieurs, quelques-uns de ces touchants

messages qui m'arrivent par les voies officielles, —
car même par ces voies m'arrivent des paroles
d'humanité infiniment pathétiques, — si vous pouviez saisir quelques-unes de ces paroles qui expriment
un ardent désir chez les peuples opprimés et sans
défense du monde entier d'entendre quelque chose
comme « l'hymne de bataille de la République »,
d'entendre la grande armée de la liberté accourir
pour les délivrer, pour délivrer leurs âmes, pour
délivrer leurs enfants, vous comprendriez ce qui
vient au cœur de ceux qui travaillent de toute leur
intelligence et de toute leur force à cette grande
œuvre de libération.

Je vous convie à remplir votre devoir de fraternité ;
je vous convie, dans la semaine qui vient, à montrer
avec quelle ardeur, quelle sincérité, quelle unanimité,
vous allez encourager la bonne volonté universelle (¹).

____

(¹) Traduit d'après le texte du *New York Times*, du 19 mai 1918.

XXXIV

Le *présent recueil ne contenant que les textes relatifs à la guerre mondiale, le discours qui suit ne devrait pas y trouver de place s'il se rapportait uniquement à la politique mexicaine du Président Wilson. Mais le lecteur constatera que le Président a voulu saisir cette occasion de définir les grands principes de sa politique étrangère et qu'il s'est appliqué à montrer que son attitude à l'égard des affaires du Mexique a toujours été en parfait accord avec son attitude à l'égard des grands problèmes européens et en particulier du problème russe* (¹).

(¹) Quiconque désire se faire une opinion sur les causes qui ont retardé l'entrée des Etats-Unis dans la guerre doit se représenter les innombrables difficultés, toujours renaissantes, que le désordre mexicain créait pour le gouvernement du Président Wilson, se rappeler les incursions des bandits mexicains sur le territoire des Etats-Unis, les attaques des trains de voyageurs, les meurtres, les incendies de propriétés, et l'impossibilité de protéger efficacement une frontière de plus de deux mille kilomètres avec une armée qui, en décembre 1915, ne comptait encore que cent mille hommes pour défendre à la fois le continent américain,

Le lecteur qui s'intéresserait au problème mexicain trouvera dans le recueil de M. James Brown Scott deux messages du Président Wilson au Congrès (27 août 1913 et 20 avril 1914) sur les affaires mexicaines et de très importants appendices à la fin du volume. Bornons-nous à rappeler quelques faits. Pendant sa très longue présidence (1876-1880 et 1884-1911) Porfirio Diaz gouverna le Mexique despotiquement. Les Américains l'ont souvent comparé à Bismarck. Ceux-là mêmes qui ont le plus admiré son œuvre reconnaissent qu'il ne fit rien pour perfectionner l'éducation politique de son peuple et que son gouvernement fut une perpétuelle violation des libertés constitutionnelles. En 1911 l'insurrection de Francisco I. Madero obligea Diaz, son vice-président et les membres de son cabinet à renoncer au pouvoir. Les élections du 15 octobre 1911 firent parvenir Madero à la présidence. Mais la rébellion de Félix Diaz, neveu de Porfirio Diaz, obligea Madero à démissionner et Huerta, ministre de la guerre, devint à la fois président, vice-président et ministre des Affaires étrangères par intérim. Peut-être n'eut-il pas une part directe à l'assassinat de Madero, massacré tandis qu'on le tranférait du palais à la prison. En tout cas Huerta fut combattu par une forte fraction du pays, par tout le parti dit « Constitutionaliste », qui se groupa autour de Carranza, Gouverneur de l'État de Chihuahua. Les États-Unis reconnurent Car-

---

les Philippines, les îles Hawaï, l'isthme de Panama et Porto-Rico. Pour fournir au lecteur quelques informations précises, nous donnons en appendice au présent volume le très instructif rapport que les Etats-Unis adressèrent au gouvernement provisoire du Mexique le 20 juin 1916.

ranza comme président de facto *le 19 octobre 1915.
Il fut élu président le 11 mars 1917. Un ambassadeur
des États-Unis fut nommé à Mexico le 25 février 1916
et les États-Unis reconnurent Carranza comme président régulièrement nommé le 17 février 1917.*

*M. Franklin K. Lane, Secrétaire de l'Intérieur aux
États-Unis, dans une interview du 16 juillet 1916 qui
a la valeur d'un document officiel, disait: « La politique des États-Unis à l'égard du Mexique est une
politique qui tend à encourager le relèvement de ce
pays, c'est une politique mexicaine pour le plus grand
bien du Mexique; après tout, c'est la politique tradi-
tionnelle du pays, c'est celle qui a chassé Maximilien .»*

Je n'ai jamais reçu un groupe de personnes dont
la venue me fît plus de plaisir. Car ce fut pour moi
un véritable chagrin, pendant le cours de ma présidence, de constater que le peuple mexicain ne com-
prenait pas mieux l'attitude des États-Unis envers le
Mexique. Je puis vous assurer, et je pense que vous
avez eu tous les éléments nécessaires pour vous convaincre de la vérité de mon affirmation, que cette
attitude a toujours été celle d'une sincère amitié, —
non pas d'une de ces amitiés qui nous poussent simplement à nous abstenir de léser notre voisin, mais
bien d'une amitié qui veut sérieusement se rendre
utile à celui-ci.

Ma politique, comme celle de mon administration, à
l'égard du Mexique, s'est toujours inspirée du principe
suivant: le règlement des affaires intérieures du Mexi-

que ne nous regarde pas et nous n'avons, à cet égard,
ni à intervenir, ni à donner des ordres. Examinons,
par exemple, un épisode de nos communs rapports
qui a pu, à une certaine époque, vous paraître difficile à comprendre : quand nous envoyâmes des troupes
au Mexique, notre désir le plus sincère était de vous
aider à vous débarrasser d'un homme qui rendait alors
impossible le retour à un ordre stable. Nous n'avions
nul désir d'employer nos troupes à d'autres desseins
et j'espérais qu'en vous prêtant ainsi assistance et en
rappelant les troupes américaines aussitôt après, je
vous fournirais la preuve péremptoire de la sincérité
des assurances données par moi à votre gouvernement par l'entremise du Président Carranza.

Aujourd'hui, je suis vraiment désolé d'apprendre
qu'une certaine propagande, que je soupçonne d'être
allemande d'origine, essaye, non seulement de créer
au Mexique une opinion injuste à notre égard, mais
encore de falsifier absolument le compte rendu des
événements. Vous savez que des faits regrettables se
sont produits sur notre côte, vous n'ignorez pas que
des navires ont été torpillés ; or, hier, on m'a commu-
niqué le texte d'un journal de Guadalajara qui annon-
çait que treize de nos navires de guerre avaient été
coulés au large du cap Chesapeake. N'est-il pas déplorable que le public soit aussi mal informé ? On ajou-
tait que notre ministère de la marine cachait les faits
relatifs à ces torpillages. Je veux bien croire que
l'éditeur de ce journal faisait imprimer de telles nouvelles avec la meilleure foi du monde et sans l'intention de propager des mensonges, mais il n'en est

pas moins vrai que de telles informations proviennent de gens intéressés à créer des difficultés entre le Mexique et les États-Unis.

Actuellement, Messieurs, il se trouve que l'influence des États-Unis (et j'aime à espérer que cette influence n'est pas près de disparaître) agit assez fortement sur les événements qui se déroulent dans le monde ; or, j'incline à croire qu'elle est agissante justement parce que les nations qui sont dans le monde entier moins puissantes que les plus grandes finissent par se rendre compte que notre désir sincère est de donner une aide désintéressée. Nous somme les champions des nations qui n'ont pas eu une puissance militaire suffisante pour leur permettre de se mesurer avec les plus fortes nations, et je prévois avec fierté le moment, que j'ai l'espoir de voir venir, où nous pourrons démontrer à tous d'une façon éclatante non seulement que nous ne voulons rien tirer de cette guerre, mais que nous ne voudrions même rien en recevoir. C'est un cas de désintéressement absolu.

D'ailleurs, si vous voulez suivre attentivement l'attitude de notre peuple, vous constaterez que rien ne le stimule davantage que l'affirmation, en ce qui nous concerne, de la fin purement idéale pour laquelle il combat. Une des difficultés que j'ai éprouvées, au cours des trois premières années de ce confit, années pendant lesquelles l'Amérique n'était pas au nombre des belligérants, fut de faire comprendre aux ministères des Affaires étrangères des puissances européennes que les États-Unis ne voulaient rien pour eux-mêmes, que notre neutralité n'était pas égoïste,

et que si nous étions, un jour, forcés de nous mêler
à la lutte, ce ne serait pas pour en tirer un profit
quelconque : territoires, marchés commerciaux ou
autres avantages matériels. Dans certaines chancel-
leries, il y a des fonctionnaires qui me connaissent
personnellement et j'aime à croire qu'ils me jugeaient
sincère, quand je leur affirmais que nos buts étaient
désintéressés ; mais ils pensaient sans doute que mes
affirmations venaient d'un universitaire, éloigné de
toute source ordinaire d'information, et exprimant
les rêveries idéalistes que suggère la vie claustrale.
Ils ne pouvaient imaginer que je fusse l'interprète
véridique de la pensée intime du peuple américain ;
mais moi, pendant tout ce temps, je savais bien que
je l'étais. Actuellement, j'aime à croire que tous
ceux qui ont pris contact avec le peuple américain
savent que j'exprime la pensée de ce dernier.

L'autre soir, à New-York, à l'ouverture de la campagne pour notre Croix-Rouge, j'ai pris la parole. Je
n'avais pas l'intention de parler de la Russie ; mais
je parlais sans notes et, au cours de mon discours,
ma pensée se tourna vers la Russie, et je déclarai que
nous entendions soutenir la Russie aussi fermement
que la France, l'Angleterre ou n'importe quel autre
allié. L'auditoire auquel je m'adressais n'était pas de
ceux dont j'eusse attendu un accueil enthousiaste à
de telles paroles : c'étaient des gens trop bien habil-
lés ; des gens, en d'autres termes, appartenant à une
classe sociale peu faite pour ressentir une sympathie
instinctive devant les souffrances des milieux populaires russes. Néanmoins, cet auditoire se dressa

plein d'enthousiasme, et rien de ce que j'ai pu dire
en cette circonstance ne suscita autant d'acclamations
que cette simple phrase.

Ceci, Messieurs, n'est qu'un exemple. Nous n'at-
tendons aucun profit de la Russie, aucun profit d'un
appui prêté, en ce moment, à ce pays, le plus loin-
tain, par rapport à nous, de tous les pays d'Europe, celui avec lequel nous avions le moins de relations commerciales ou intéressées ; et cependant le
peuple américain applaudit à ce que je pus dire en
sa faveur plus qu'à aucune autre partie de mon discours.

C'est là le rôle de l'Amérique, comme nous sommes prêts à le prouver en témoignant en toute occasion notre amitié à l'égard du Mexique. Certains Américains, permettez-moi de le dire entre nous, jettent
un regard attristé sur les anciennes relations que
avons eues avec le Mexique, longtemps avant la
présente génération ; et vous pouvez être certains
que les États-Unis se sentiraient maintenant honteux
à l'idée de profiter d'un avantage sur leur voisin.

J'espère donc que vous rapporterez chez vous quelque chose de mieux qu'une assurance verbale. Vous
avez été en contact avec notre peuple ; vous avez vu
comment nous vous avons reçus, avec quel plaisir
nous vous avons ouvert les portes de tous les établis-
sements que vous désiriez voir, nous vous avons
montré tout ce que nous faisions, et j'espère que
vous avez recueilli l'exacte impression des raisons
qui nous font agir. Nous agissons ainsi, Messieurs,
afin que le monde n'ait plus jamais à redouter à

l'avenir ce qui, justement, menace les nations: l'inique et égoïste agression d'une autre nation.

Il y a quelque temps, comme vous le savez probablement tous, j'ai proposé une sorte d'accord panaméricain. Je m'étais, en effet, aperçu qu'une des difficultés éprouvées dans nos relations passées avec l'Amérique Latine était la suivante : la fameuse doctrine de Monroe a été acceptée par nous sans le consentement du Mexique ni d'aucun État de l'Amérique centrale ou de l'Amérique du Sud. Si je puis m'exprimer en des termes que nous employons bien souvent en ce pays, nous disions : « Nous allons être votre grand frère, que vous le vouliez ou non. » Nous ne vous avons jamais demandé s'il vous était agréable que nous devenions votre grand frère. Nous déclarions seulement que nous allions l'être. C'était fort bien tant qu'il s'agissait de vous protéger contre toute attaque venant d'au delà des mers ; mais il faut reconnaître que rien ne vous protégeait contre une attaque venant de nous ; aussi ai-je constaté à différentes reprises qu'un sentiment de malaise existait chez certains représentants des nations américaines du Centre ou du Sud, qui craignaient, sans doute, que la protection que nous nous arrogions ne fût établie bien plus dans notre intérêt que dans celui de nos voisins. C'est pourquoi j'ai dit : « Concluons un arrangement, prenons des engagements, signons un accord mutuel d'indépendance politique et d'intégérité territoriale. Décidons que si l'un de nous, les États-Unis compris, viole l'indépendance politique ou l'intégrité territoriale d'un autre État américain, tous les autres se dresseront contre l'agresseur. » J'ai fait remarquer à certains, qui semblaient moins enclins que d'autres à accepter cette entente, que c'était en réalité, de la part des États-Unis, se lier par un arrangement qui vous servirait de garantie contre nous.

Eh bien, Messieurs, c'est précisément ce genre d'accord qui est appelé à devenir la base de la vie future des nations du monde. L'ensemble de la famille des nations devra garantir à chacune qu'aucune autre ne violera son indépendance politique ou son intégrité territoriale. Telle est la base, la seule et unique base concevable, de la paix future du monde et je vous avoue que j'étais impatient de voir les peuples des deux Amériqnes montrer la voie à suivre au reste du monde pour fonder la paix. La paix ne peut résulter que de la confiance. Si vous parvenez à créer la confiance, alors vous avez créé les conditions d'une paix durable. C'est pour cela que, tous, à mon avis, nous avons le devoir sacré envers nos patries respectives de semer la confiance et non pas le soupçon. Voilà pourquoi j'ai commencé par vous dire que je n'avais jamais reçu un groupe de personnes avec plus de plaisir que vous ; car vous êtes nos proches voisins. Un soupçon, un malentendu de votre part nous est plus douloureux que si des sentiments pareils venaient de peuples moins proches de nous. C'est à vous qu'il appartient de voir comment l'avenir du Mexique dépend nécessairement de la paix et de l'honneur, de telle sorte que nul ne puisse l'exploiter injustement. Il faut pour cela que toutes les nations, que tout citoyen des nations qui auront des rapports avec votre pays observent les prescriptions de l'honneur, de l'équité et de la justice, parce qu'aussitôt que vous aurez largement mis vos capitaux et ceux du monde entier au service des ressources du Mexique celui-ci deviendra l'un des pays les plus merveilleusement riches et prospères qui soient au monde.

Et quand vous aurez enfin rétabli chez vous l'ordre et que le monde sera revenu à la raison, nous pourrons, je l'espère, continuer des rapports qui assureront à nos républiques respectives une amitié cordiale et permanente (¹).

(¹) Traduit d'après le texte publié par la revue *Current History*, de juillet 1918.

XXXV

Discours prononcé a Mount-Vernon sur la tombe
de Washington, le 4 juillet 1918 (Independence
Day).

Messieurs du corps diplomatique,
Mes chers concitoyens,

Je suis heureux de me trouver avec vous dans cette
calme retraite, siège antique de si graves délibérations, pour vous dire quelques mots de la grande
signification de cette journée où nous commémorons
l'affranchissement de notre nation. Le lieu est pai-
sible et solitaire. Le tumulte du monde ne trouble
pas plus sa sérénité qu'il ne faisait lors des grands
jours d'antan où le général Washington résidait ici
et conférait à loisir avec les hommes qui allaient, de
concert avec lui, créer une nation. De ces collines
aux pentes douces ils découvraient le monde, ils le
voyaient dans son entier, ils le voyaient dans la
lumière de l'avenir, ils le voyaient avec des yeux
avides de nouveauté qui se détournaient d'un passé
devenu odieux à leurs esprits affranchis. Et c'est pourquoi nous ne pouvons ici, même devant cette tombe

sacrée, avoir le sentiment que nous contemplons la mort. Nous contemplons une création féconde. Une grande promesse, qui s'adressait à toute l'humanité, jaillit de ce lieu et reçut ici sa première réalisation. Les souvenirs qui se pressent à cette heure dans notre conscience sont les souvenirs réconfortants que suggère cette noble mort, qui ne fut qu'un glorieux couronnement. De ce coteau verdoyant nous aussi nous devons nous montrer capables d'embrasser d'un vaste coup d'œil le monde autour de nous et de concevoir à nouveau le haut dessein qui donnera aux hommes la liberté.

Il est caractéristique, — caractéristique de leur disposition d'esprit, de leurs intentions et de l'œuvre qu'ils entreprenaient, — que Washington et ses compagnons, pareils aux barons de jadis assemblés à Runnymede(¹), parlaient et agissaient non pour une classe, mais pour tout un peuple. Il nous appartient de travailler à faire comprendre qu'ils parlaient et agissaient non pour un peuple unique, mais pour toute l'humanité. Ils ne pensaient pas à eux-mêmes, non plus qu'aux intérêts matériels des petits groupements de propriétaires fonciers, de marchands, d'hommes d'affaires qu'ils rencontraient communément autour d'eux en Virginie et dans les colonies au nord et au sud de cet État. Ils pensaient à tout un peuple qui ne voulait plus entendre parler de classes, d'intérêts particuliers, d'autorités qu'il n'avait pas lui-

---

(¹) C'est dans le village de Runnymede, près de Windsor, que Jean Sans Terre eut avec ses barons une conférence, à la suite de laquelle il signa la Grande Charte (1215).

même choisies pour se faire gouverner par elles. Ils
ne poursuivaient aucun but égoïste, ils ne recherchaient pour eux-mêmes aucun privilège. Ils se proposaient expressément d'affranchir les hommes de
toutes classes et de faire de l'Amérique une terre
ouverte aux hommes de toutes nations qui voudraient
venir partager avec eux les droits et les privilèges
des hommes libres. Or ne sommes-nous pas leurs
continuateurs ? Nous voulons ce qu'ils voulaient.
Tous ici en Amérique nous sommes convaincus que
notre participation à cette guerre n'est que la moisson
de ce qu'ils ont semé. Notre cas ne diffère du leur
qu'en ceci : nous avons l'inestimable avantage d'agir
de concert avec des hommes de tout pays qui con-
tribueront à garantir non point seulement les libertés
de l'Amérique mais également aussi les libertés de
toutes les autres nations. Nous sommes heureux de
penser qu'il nous est donné d'accomplir ce qu'ils
eussent accompli s'ils avaient été à notre place. Il
faut aujourd'hui établir à tout jamais dans le monde
ce qui fut établi en Amérique à cette glorieuse époque
dont nous tirons aujourd'hui nos inspirations. C'est
sûrement ici le lieu le mieux choisi pour considérer
notre tâche avec calme et fortifier notre résolution
de la mener à bien. C'est aussi le lieu le plus convenable pour professer notre foi et révéler nos desseins, devant les amis qui nous entourent et devant
ceux auxquels nous avons le bonheur d'être associés
dans l'action.

Voici donc notre conception de la grande lutte
dans laquelle nous sommes engagés. Le plan de

cette immense tragédie se lit nettement dans chacune des scènes et dans chacun des actes. D'un côté se rangent tous les peuples du monde, non seulement les peuples qui ont pris déjà position, mais encore beaucoup d'autres qui souffrent sous quelque tyrannie et ne peuvent agir, des peuples de diverses races et dans toutes les régions du globe, et je compte parmi eux les peuples de la Russie abattue, bien qu'ils soient présentement sans organisation et sans secours. Contre ces peuples qui disposent de multiples armées se dresse isolé, sans amis, un groupe de gouvernements qui ne défendent aucun intérêt commun de l'humanité, qui luttent pour des ambitions égoïstes, profitables à eux seuls, et qui se servent de leurs peuples comme d'une matière pour alimenter l'incendie. Ces gouvernements craignent leurs peuples et cependant pour l'instant ils en demeurent les souverains maîtres, ils s'emparent de tout ce que bon leur semble, ils disposent à leur gré des vies et des fortunes de leurs sujets comme des vies et des fortunes de tout peuple qui tombe en leur pouvoir, ils se drapent dans de singuliers oripeaux et se targuent d'une autorité périmée qui appartient à un autre âge, entièrement étranger et hostile au nôtre. Ainsi le Passé et le Présent sont aux prises dans un corps à corps mortel et les peuples du monde sont broyés entre eux.

Il ne peut y avoir qu'une solution. Le règlement doit être définitif. Il ne faut pas de compromis. Aucune conclusion indécise ne serait supportable, on ne la conçoit même pas. Voici les fins pour

lesquelles combattent les peuples associés du monde
et qui doivent être reconnues par leurs ennemis pour
que la paix soit possible :

1º La destruction de tout pouvoir arbitraire, où
qu'il se trouve, qui puisse à lui tout seul, secrètement et de sa propre initiative troubler la paix du
monde ; si ce pouvoir ne peut être présentement
détruit, il doit être du moins réduit à une virtuelle
impuissance.

2º Le règlement de toute question concernant soit
des territoires, soit un droit de souveraineté, soit des
arrangements économiques, soit des relations politiques, sur la base de la libre acceptation de ce
règlement par le peuple immédiatement intéressé, et
non point selon les intérêts matériels ou le profit
d'un autre peuple ou d'une nation quelconque qui
pourrait souhaiter un règlement différent en vue de
son influence dans le monde ou de sa propre hégémonie.

3º Le consentement de toutes les nations à se
laisser guider dans leur conduite à l'égard les unes des
autres par les mêmes principes d'honneur, de respect
pour la loi commune, qui déjà régissent les rapports
entre individus dans tous les États modernes. Ainsi
toutes promesses et conventions seraient religieuse-
ment observées, les intrigues et conspirations particulières ne pourraient être tramées, toute injustice
inspirée par l'égoïsme recevrait son châtiment, on
inaugurerait le règne de la confiance mutuelle établie sur le noble fondement du respect mutuel des
droits.

4° L'établissement d'une organisation de paix telle qu'on ait la certitude que le pouvoir combiné des nations libres mettra obstacle à tout empiètement sur le droit, telle aussi que la paix et la justice soient pleinement sauvegardées par un véritable tribunal de l'opinion auquel tous devront se soumettre et qui tranchera toute contestation internationale au sujet de laquelle les peuples directement intéressés ne pourraient se mettre d'accord amicalement.

Ces grands desseins s'expriment en une seule formule : nous voulons le règne de la loi, fondé sur le consentement des gouvernés et soutenu par l'opinion organisée de l'humanité.

Ces nobles résultats ne peuvent être atteints si l'on multiplie discussions, tentatives de conciliation et d'accommodement pour réaliser ce que les hommes d'État ont en vue quand ils ratiocinent sur les équilibres de puissances et les concessions d'avantages compensatoires. On ne les obtiendra que si l'on se représente avec précision ce que les peuples éclairés du monde réclament, ce qu'ils appellent de toutes leurs espérances, de tout leur ardent amour pour la justice, pour la liberté, pour le bien-être universels.

Je m'imagine aisément que l'atmosphère de ce lieu est particulièrement propice à la proclamation de ces grands principes. C'est ici en effet qu'ont surgi des forces que la grande nation contre laquelle elles étaient dirigées regarda tout d'abord comme une révolte contre son autorité légitime, mais qui en réalité, comme elle l'a depuis longtemps reconnu, étaient un instrument de libération pour son propre peuple autant que le peuple des États-Unis. Et je puis ici, à cette heure, parler fièrement et avec un espoir confiant de la propagation de cette révolte, de cette libération, sur la vaste scène de l'univers ! Les maîtres aveugles de la Prusse ont déchaîné des forces qu'ils connaissaient bien mal, des forces qui, lorsqu'elles se sont levées, ne peuvent plus être abattues, car le souffle qui les vivifie, l'enthousiasme qui les anime sont de leur nature immortels et les destinent au triomphe[1].

---

[1] Traduit d'après le texte de l'*Outlook*, du 17 juillet 1918.

XXXVI

Salut a la France. — 14 juillet 1918.

En ce jour anniversaire de la naissance de la démocratie en France, au nom de mes concitoyens et en mon nom personnel, j'envoie à la France notre salut fraternel, comme il sied, étant donnés les liens si forts qui unissent nos peuples luttant aujourd'hui dans les mêmes rangs pour la liberté, réalisant leur inébranlable dessein de faire définitivement triompher la sublime cause des nations qui défendent leurs droits contre la tyrannie. La prise de la Bastille a donné aux peuples libres du monde entier une leçon qui ne saurait être oubliée. Puisse-t-il être proche le jour où, sur les ruines de la sombre forteresse d'un absolutisme effréné et d'une autocratie sans conscience, se dressera un noble édifice, bâti comme votre grande république sur le fondement éternel de la paix et du droit, pour le plus grand bonheur de l'humanité affranchie.

XXXVII

Proclamation au peuple américain a l'occasion du
« Labor Day ». — 1er septembre 1918.

Mes chers concitoyens,

Le Labor Day de 1918 ne ressemble à aucun des
Labor Days que nous avons connus. Cette journée a
toujours eu pour nous une profonde signification.
Cette année elle est au plus haut point significative.
Si vif que fût l'an passé notre sentiment d'être engagés dans une entreprise où il s'agit de vie ou de
mort pour cette nation, nous n'en saisissions pas la
portée aussi nettement qu'aujourd'hui. Nous savions
que nous étions tous associés, que nous devions unir
nos efforts, mais nous ne représentions pas aussi
clairement qu'à cette heure que nous sommes tous
des soldats, des soldats d'une même armée, auxquels
incombent divers rôles, diverses tâches, qui obéissent
cependant à une obligation unique, qui font tous
face au même objectif. Maintenant nous savons que
chaque outil dans chaque industrie essentielle est

une arme, une arme maniée pour le même résultat
qu'un fusil de guerre, une arme telle que, si nous la
déposions, aucun fusil ne serait plus d'aucune utilité.

Or pourquoi cette arme? Pourquoi cette guerre?
Pourquoi sommes-nous enrôlés? Pourquoi rougirions-
nous de ne pas l'être? Au début nous n'apercevions
guère autre chose qu'une lutte défensive contre l'agression militaire de l'Allemagne. La Belgique avait été
violée, la France envahie, l'Allemagne entrait une
fois de plus en campagne, comme en 1870, comme
en 1866, pour assouvir ses ambitions en Europe, et
il apparaissait nécessaire d'opposer la force à sa
force. Mais il est manifeste aujourd'hui qu'il s'agit
de bien plus que d'une guerre pour modifier en Europe l'équilibre des puissances. L'agression allemande, on n'en peut plus douter, était dirigée contre
ce qu'en tout lieu les hommes libres veulent et
doivent posséder : le droit de régler leur propre sort,
d'exiger la justice, d'obliger les gouvernements à
gouverner pour le peuple, non pour l'intérêt égoïste
d'une classe privilégiée. Nous combattons pour préserver le monde de toute autorité comparable à l'autocratie germanique. C'est une guerre d'émancipation. Tant qu'elle n'est pas gagnée, nulle part les
hommes ne pourront vivre exempts d'une crainte in-
cessante, respirer librement en vaquant à leurs tâches
quotidiennes, assurés que les gouvernements sont
leurs serviteurs et non leurs maîtres.

C'est donc une guerre, entre toutes les guerres,
à laquelle le monde du travail doit son appui, l'appui
de toutes ses forces concentrées. Point de sécurité

dans le monde, point de respect assuré aux existences humaines, point de droits qui puissent être affirmés avec confiance et succès en face de la domination et de la tyrannie de certaines classes toutes puissantes et égoïstes, aussi longtemps qu'un gouvernement comme celui qui, après une longue préméditation, a entraîné l'Autriche et l'Allemagne dans cette guerre, garde le pouvoir de contrôler les destinées et la vie quotidienne des individus et des nations, de tramer ses machinations tandis que les honnêtes gens travaillent, d'allumer des incendies où seront jetés hommes, femmes et enfants.

Vous connaissez le caractère de cette guerre. C'est une guerre qui réclame l'appui de l'industrie. L'armée des travailleurs dans l'intérieur du pays est aussi importante, aussi essentielle, que l'armée des combattants sur le front éloigné où se livre la bataille proprement dite. Et dire que le travailleur est aussi nécessaire que le soldat ce n'est pas assez dire. Cette guerre est sa guerre. Le soldat est son champion, son représentant. Ne pas vaincre serait mettre en péril tout ce pour quoi le travailleur a lutté, tout ce qui lui a été cher, depuis l'aube de la liberté, depuis la première heure de son combat pour la justice. Cela les soldats du front le savent et cette pensée donne à leurs muscles une meilleure trempe. Ils sont des croisés. Ils ne se battent pour aucun intérêt égoïste, même de leur propre patrie. Ils mépriseraient quiconque lutterait pour l'intérêt égoïste de quelque nation que ce fût. Ils donnent leur vie pour que les foyers de tous les pays, aussi bien

que les foyers qui leur sont chers en Amérique,
soient sacrés et intangibles, pour qu'en tout lieu les
hommes jouissent de toute la liberté dont ils veulent
jouir. Ils combattent pour les fins idéales de leur
propre pays, fins nobles et immortelles, qui illumi-
neront la route de ceux qui marchent vers la justice,
vers une terre où l'on peut vivre la tête haute, l'âme
affranchie de toute crainte. Voilà pourquoi ils combattent avec cette joie grave, voilà pourquoi ils sont
invincibles.

Ne nous bornons donc pas aujourd'hui à vivifier
en nous l'intelligence de nos desseins, à renouveler
nos lucides résolutions, mais que cette journée soit
celle où nous faisons serment de nous dévouer sans
trêve ni limite, à la grande tâche de donner à notre
pays et au monde entier le pouvoir d'assurer à tous
la justice. Il faut qu'il devienne en tout lieu impossible à un groupe restreint de politiciens autoritaires
de troubler notre paix ou la paix du monde, de réduire au rôle d'instruments et de marionnettes ceux
dont le consentement et la force sont indispensables
à leur autorité et même à leur simple existence.

Nous pouvons compter les uns sur les autres. La
nation est animée d'un même esprit. Elle ne veut
recevoir son mot d'ordre d'aucun clan. Elle ne veut
servir aucun intérêt privé ou individuel. Son âme
est devenue plus éclairée et mieux trempée en ces
jours dont la flamme consume toutes impuretés. La
lumière d'une conviction nouvelle a pénétré les consciences de toutes les classes sociales autour de nous.
Nous voyons comme jamais nous n'avons vu que nous

sommes des camarades solidaires les uns des autres, invincibles dans l'union, impuissants divisés. Et c'est pourquoi nous nous donnons la main pour conduire le monde vers une ère nouvelle et meilleure (¹).

(¹) Traduit d'après le texte du *New York Times*, 2 septembre 1918.

XXXVIII

Discours prononcé au Metropolitan-Opera de New-York le 27 septembre 1918, dans lequel le Président Wilson énonce cinq principes qui doivent dominer les négociations en vue de la paix.

PLUS *nettement encore que dans ses précédents discours le Président Wilson indique les idées maîtresses de la politique qu'il se propose de soutenir dans le futur Congrès de la paix. Chacune de ces idées a déjà soulevé d'intéressantes discussions. En particulier le cinquième principe, celui qui condamne la diplomatie secrète, a inspiré dans divers Parlements des propositions qui tendent à en dénaturer le sens. A la Chambre des Communes, M. Balfour, répondant aux députés Trevelyan et Ponsonby qui demandaient une commission permanente des Affaires étrangères composée de représentants de tous les partis, avait déjà prononcé le 19 mars 1918, un important discours pour préciser le sens légitime de la proposition wilsonienne énoncée dans le Message du 8 janvier 1918. Voici le passage essentiel de ce discours:*

« La Chambre des Communes n'est pas, ne peut pas être un Corps exécutif; si elle tentait de l'être, elle

*ferait sa besogne d'une façon abominable. Les 670
députés ne pourraient pas le faire ; aucune délégation
de 4o ou 5o membres ne pourrait le faire. Ce n'est pas
de cette manière que se font, en aucun endroit, les
affaires de ce monde, si elles doivent se faire d'une
manière efficace. Aucune maison ne fait ses affaires de
cette façon. Aucune armée, aucune marine ne fait ses
affaires de cette façon. Ceux qui aspirent à cet idéal
d'organisation populaire et l'appellent démocratique
confondent l'administration avec le contrôle et la légis-
lation. Allez-vous faire comparaître et interroger les
fonctionnaires du ministère des Affaires étrangères ?
Je crois que cela se fait en d'autres pays. Si vous demandez à des fonctionnaires des Affaires étrangères, ou à
ceux de n'importe quel ministère, de consacrer une
partie de leur énergie à se préparer en vue d'un interro-
gatoire, vous détruirez, par là même, les services
publics. Il n'y a rien dont je sois plus profondément
convaincu. Ces fonctionnaires n'en ont pas l'habitude,
et l'on ne doit pas leur en donner l'habitude. Il n'y sont
pas préparés, et l'on ne devrait pas les y préparer. Sans
doute, c'est une partie des devoirs de notre charge, pour
mon noble ami et pour moi-même, que de subir des
interrogatoires ; nous le faisons de temps en temps, et
de notre mieux, et nous échappons aux filets et aux
pièges variés que nous tendent avec tout leur talent les
honorables membres de l'opposition ; et, comme nous
sommes rompus à ce genre d'exercice, notre santé n'en
souffre pas (Rires). Mais ce n'est pas le cas et ce ne
devrait pas être le cas, pour le fonctionnaire ordinaire :
je prie la Chambre de ne pas oublier qu'il serait désas-
treux pour l'intérêt public de tenir constamment présente à l'esprit des fonctionnaires la crainte de l'interro-
gatoire, du contre-interrogatoire, et du ré-interrogatoire
par des gens que l'on peut appeler des politiciens pro-
fessionnels. Par conséquent, après avoir entendu les*

*discours des deux auteurs de la proposition, et lu avec
peu de sympathie leur projet de résolution, je ne crois
pas que leur proposition soit démocratique. Je ne la
crois pas applicable. Je crois que les maux qu'elle prétend combattre sont des maux illusoires.*

*« Je n'accepte pas cette idée, que les diplomates
emploient d'antiques méthodes qu'aucun homme de bon
sens n'adopte pour le travail ordinaire de sa vie quotidienne. Au contraire, le travail de la diplomatie est
exactement le travail qui s'accomplit tous les jours
entre deux grandes maisons par exemple, qui ont des
relations d'affaires, ou entre deux corps constitués qui
ont des intérêts divergents ou des intérêts en commun.
Si vous êtes un homme de bon sens, vous n'allez pas
créer des difficultés dès l'abord. Vous essayez de les
surmonter avant que la publicité n'amène de l'aigreur.
C'est lorsque vous commencez à exposer votre cause en
public que surgit l'antagonisme. Dans le privé, dans
des conversations qui ne dépassent pas les murs de la
pièce où vous vous trouvez, vous pouvez exposer votre
cause aussi fortement que vous le voulez : l'homme avec
qui vous discutez peut exposer la sienne aussi fortement
qu'il le veut : si l'on observe les règles de la civilité,
s'il ne se passe rien d'autre qu'une franche discussion,
il ne subsiste aucune irritation, et aucun des interlocu-
teurs n'est poussé à ignorer volontairement les arguments
puissants présentés par la partie adverse. Dès qu'une
discussion devient publique, toute cette franche réciprocité devient soit difficile, soit impossible ; et si, par
« diplomatie non secrète », on entend cette chose absurde,
qui consisterait à tenter de discuter en public des questions où sont profondément intéressés les sentiments
nationaux, l'honneur international, et les intérêts internationaux, je ne pense pas qu'une Assemblée, saine
d'esprit, essaierait jamais de faire cette tentative dans
le travail national journalier qu'il faut faire.*

« *Si tout ce que vous voulez dire (et je crois que c'est tout ce que veut dire le Président Wilson dans la déclaration que l'on a citée) est qu'il est mauvais que les nations du monde se trouvent gênées dans leurs relations mutuelles par des traités dont ces pays ne savent rien, cela, je le pense avec vous, est un mal. Je ne dis pas que ce ne soit pas parfois un mal nécessaire. Je ne dis pas qu'il n'y ait eu des traités secrets qui étaient inévitables; mais ce que j'affirme, c'est que, s'ils sont nécessaires, ils sont un mal nécessaire. Veuillez vous rappeler que deux nations font un traité pour leur avantage mutuel, toutes deux ayant le désir de faire ce traité. Une nation dit: « Il est contraire à notre intérêt que ce traité soit rendu public à présent. » L'autre dit: « Nous n'aimons pas à être liés par un traité dont les termes ne peuvent pas être publiés immédiatement. » Laquelle des deux va prévaloir? D'honorables députés parlent comme s'il appartenait au ministère britannique de décider dans tous les cas si un traité particulier sera public ou confidentiel. Cela n'appartient à aucun ministère des Affaires étrangères, pris isolément, qu'il soit britannique ou autre. C'est toujours un arrangement entre deux, peut-être trois ou quatre ministères. On ne peut décider, et je ne crois pas qu'il serait sage de décider en règle absolue qu'en aucune circonstance, on ne fera de traité qui ne soit public. Réduire autant que possible les traités secrets devrait, à mon avis, être le but de tout homme d'État responsable de la direction des Affaires étrangères. Mais je ne me sens pas disposé à aller plus loin. »*

MES CHERS CONCITOYENS,

Je ne suis pas ici pour parler en faveur de l'emprunt. De cette tâche s'acquitteront avec talent et enthousiasme les centaines de milliers d'hommes et de femmes d'un infatigable patriotisme qui ont entrepris de faire connaître cet emprunt à vous et à vos concitoyens dans toute l'Amérique ; et je suis très certain de leur complet succès, car je connais leurs sentiments et les sentiments du pays. Ma confiance est encore accrue par le concours réfléchi et expérimenté des banquiers d'ici et de chaque région, qui nous fournissent l'appoint inestimable de leur collaboration et de leurs conseils. Je suis venu plutôt saisir l'occasion de vous exposer certaines vues qui, j'en suis assuré, vous aideront à vous représenter sans doute plus nettement qu'auparavant les grands intérêts en cause dans cette guerre : ainsi vous serez à même d'apprécier et d'accepter avec un enthousiasme plus ardent encore le grave et important devoir de soutenir le gouvernement en lui fournissant hommes et crédits jusqu'à l'extrême limite du sacrifice et de l'abnégation. Aucun homme, aucune femme qui a vraiment compris la signification de cette guerre ne peut hésiter à offrir la totalité de son avoir. Or c'est ma mission ici ce soir de montrer une fois de plus quelle est cette signification. Il n'est pas besoin de vous rappeler autrement votre devoir, de vous inciter autrement à le remplir.

Chaque phase nouvelle de la guerre nous fait saisir avec plus de lucidité le dessein que nous prétendons réaliser par elle, car c'est quand notre espoir est le plus vif, notre attente la plus impatiente, que nous apercevons avec la plus grande netteté les fins engagées dans ce conflit et les résultats qu'il faut atteindre grâce à lui. Cette lutte se poursuit en vue de fins positives et bien définies, que nous n'avons pas déterminées et que nous ne saurions modifier. Aucun homme d'État, aucune assemblée ne les a imaginées ; aucun homme d'État, aucune assemblée ne pourrait les changer. Tout ce que les hommes d'État ou les assemblées peuvent faire c'est d'atteindre ces fins ou de manquer le but. Peut-être ces fins n'étaient-elles pas claires au début, elles le sont maintenant. La guerre dure depuis plus de quatre ans, le monde entier se trouve entraîné dans son tourbillon. La volonté commune de l'humanité s'est substituée aux intentions particulières de chaque État isolé. Certains hommes d'État ont pu faire naître le conflit, mais ni ceux-ci ni leurs adversaires ne sauraient l'apaiser quand bon leur semble. Il est devenu une guerre des peuples, et maintenant des peuples de tout genre et de toutes races, de tout degré de puissance et de prospérité, sont emportés par cette tourmente qui bouleverse le monde et prépare un ordre nouveau. Nous sommes entrés dans cette lutte quand le caractère en a été parfaitement défini, quand il est devenu manifeste qu'aucune nation ne pouvait demeurer à l'écart ou se désintéresser de l'issue. Le défi lancé atteignait au cœur tout ce que nous aimions, tout ce pour quoi nous vivions. La voix de la guerre s'était faite claire, nous l'entendions étreints par l'émotion. Nos frères de plusieurs pays et nos propres concitoyens criminellement précipités sous les flots nous appelaient : nous avons répondu, bravement, sans hésitation.

L'atmosphère était pure autour de nous. Les choses nous apparaissaient avec leur véritable relief, avec leurs proportions indiscutables, telles qu'elles étaient en fait. Nous les avons considérées avec calme et depuis lors nos conceptions n'ont jamais varié. Nous avons accepté les problèmes que pose la guerre comme des réalités objectives, non point comme tel groupe d'individus, ici ou ailleurs, les définit. Et nous ne pouvons accepter aucun dénouement qui ne constituerait pas une franche et définitive solution de ces problèmes. Ces problèmes les voici :

Souffrira-t-on que la puissance militaire d'une nation quelconque ou d'un groupe de nations règle le sort des peuples sur lesquels elle n'a d'autre droit que celui de la force ?

Les nations puissantes seront-elles laissées libres de léser les nations faibles, de les faire servir à leurs propres desseins, à leurs propres intérêts ?

Les peuples seront-ils gouvernés et régis, même quand il s'agit de politique intérieure, par une autorité arbitraire et irresponsable, ou selon leur volonté et leur libre choix ?

Y aura-t-il une même règle fixant le droit et les libertés de tous les peuples, de toutes les nations, ou bien les plus forts auront-ils pouvoir d'agir à leur guise et les faibles souffriront-ils sans recours ?

La défense du droit sera-t-elle abandonnée au hasard, au jeu des alliances fortuites, ou bien y aura-t-il une entente commune pour imposer le respect des droits communs ?

Aucun homme, aucun groupe d'hommes n'a arbitrairement posé ces problèmes. *Ce sont* les problèmes posés par cette guerre. Il faut les trancher, non point par des arrangements, des compromis, des accommodements d'intérêt, mais définitivement, une fois pour toutes, en proclamant hautement et sans équivoque possible ce principe que l'intérêt du plus faible est sacré au même titre que l'intérêt du plus fort.

Voilà ce que nous voulons dire quand nous parlons de paix durable, quand nous traitons de cette question sincèrement, avec clairvoyance, avec la pleine connaissance et la réelle compréhension de la difficulté à résoudre.

Nous sommes tous d'accord pour affirmer que la paix ne peut sortir d'aucun marchandage ou compromis avec les gouvernements des empires centraux, parce que nous avons déjà traité avec eux dans le passé et parce que nous les avons vus traiter avec d'autres gouvernements engagés dans ce conflit, à Brest-Litovsk et à Bucarest. Eux-mêmes ont fait notre conviction : ce sont des gouvernements sans honneur, sans aucun souci de justice. Ils n'observent aucun contrat, ils ne reconnaissent d'autre principe que celui de la force et de leur intérêt égoïste. Nous ne pouvons « discuter des conditions » avec eux. Ils ont rendu cette discussion impossible. Il faut que le peuple allemand, à l'heure présente, se rende pleinement compte que nous ne pouvons accepter la parole de ceux qui nous ont acculés à cette guerre. Nous n'avons pas la même manière de penser, nous ne parlons pas le même langage, quand il s'agit de conclure des accords.

Il est d'une importance capitale que nous soyons aussi explicitement convenus qu'aucune paix ne sera obtenue par un compromis quelconque, en transigeant avec les principes que nous avons proclamés comme étant ceux pour lesquels nous combattons. Aucun doute ne doit subsister à cet égard. C'est pourquoi je vais me permettre d'exposer avec la plus grande franchise les méthodes d'application qui découlent de ces principes.

Si c'est bien, en toute vérité, comme je le crois, le but commun des gouvernements associés contre l'Allemagne et des nations qu'ils régissent, de réaliser par les arrangements à venir une paix sûre et durable, il sera nécessaire que tous ceux qui s'assiéront à la table de la paix soient disposés de tout cœur à payer le prix, le seul prix, qui nous assurera cette paix, disposés aussi de tout cœur à créer, non sans une sorte de courage viril, l'unique instrument qui puisse nous garantir que les clauses de cette paix seront respectées et observées.

Or ce prix c'est une justice impartiale dans chaque article des conventions, quels que soient ceux dont l'intérêt pourrait souffrir. Ce n'est pas seulement la justice impartiale, c'est en outre le contentement des divers peules dont le sort est en jeu. Cet instrument indispensable c'est une Ligue des Nations formée grâce à des accords efficaces. Sans un tel instrument pour garantir la paix du monde, celle-ci dépendra en partie de la parole de gens qui sont au ban des nations et même de cette parole seule. Car l'Allemagne devra se refaire une réputation, non pas au cours des négociations de paix, mais pendant la période qui suivra.

A mon sens, la constitution de cette Ligue des Nations et la définition précise de son rôle doit être une partie et à certains égards la partie la plus essentielle du traité de paix lui-même. On ne peut la constituer maintenant. Si on la créait tout de suite, elle ne serait rien de plus qu'une nouvelle alliance limitée aux nations présentement groupées contre un ennemi commun. Probablement aussi on ne pourrait la constituer après la conclusion de la paix. Elle est la garantie indispensable de la paix et l'on ne saurait songer après coup à garantir la paix déjà conclue. La raison, — je veux le redire encore nettement, — qui oblige à exiger une garantie, c'est qu'il y aura parmi les signataires de la paix des parties contractantes dont les promesses se sont révélées menteuses ; il faut donc absolument trouver le moyen, en préparant le traité de paix lui-même, d'écarter cette source d'insécurité. Il serait fou d'abandonner le soin de garantir cette paix au bon vouloir ultérieur de gouvernements qui ont sous nos yeux détruit la Russie et perfidement traité la Roumanie.

Mais ces indications générales n'épuisent pas le sujet. Il faut leur adjoindre quelques détails pour qu'elles ressemblent moins à une dissertation académique et davantage à un programme d'action. Voici donc quelques précisions et je les formule avec d'autant plus de confiance que je puis déclarer officiellement qu'elles expriment la conception que le gouvernement de ce pays a de son devoir au sujet de la paix.

1° Il faut que l'impartiale justice qui sera dispensée ne distingue pas entre ceux envers qui nous avons envie d'être justes et ceux envers qui nous n'avons pas envie d'être justes. Il faut que cette justice ne connaisse pas de favoris, que sa seule règle soit celle de l'égal traitement des différents peuples intéressés.

2° Aucun intérêt spécial ou particulier d'une nation isolée ou d'un groupe de nations ne peut être la base d'aucune partie de l'arrangement final s'il ne peut s'accorder avec le commun intérêt de tous.

3° Il ne peut y avoir de ligues, d'alliances, de conventions ou d'ententes spéciales à l'intérieur de la vaste famille commune de la Ligue des Nations.

4° Plus précisément encore il ne saurait y avoir de combinaisons économiques particulières égoïstes à l'intérieur de la Ligue, ni de recours à aucune forme de boycottage et d'exclusion économique, à moins que l'exclusion des marchés du monde ne soit une pénalité économique que la Ligue des Nations elle-même aurait droit d'infliger comme moyen disciplinaire et coercitif.

5° Tous accords et traités de toute espèce entre nations doivent être portés à la connaissance du monde entier dans leur intégralité.

Les alliances particulières, les rivalités et les hostilités économiques ont été dans notre monde moderne la source intarissable des intrigues et des ressentiments qui engendrent la guerre. La paix ne serait ni sincère ni vraiment garantie si on ne les interdisait en termes nets et formels.

L'assurance avec laquelle j'ose parler de ces questions au nom de notre peuple ne m'est pas uniquement inspirée par nos traditions, par les principes bien connus d'action internationale que nous avons toujours professés et appliqués. Dans la même phrase où je déclare que les États-Unis ne concluront d'accords spéciaux ou d'ententes avec aucune nation isolée, laissez-moi dire aussi que les États-Unis sont prêts à accepter pleinement leur part de responsabilité quand il s'agira de maintenir les ententes et conventions communes sur lesquelles il faut désormais que la paix soit fondée. Nous avons présent à la mémoire l'immortel conseil de Washington qui nous détourne de « nous emprisonner dans le réseau des alliances »; nous le saisissons pleinement, et nos desseins s'accordent avec ce conseil. Mais seules des alliances particulières et limitées peuvent « emprisonner ». Or nous reconnaissons et proclamons au contraire le devoir que nous dicte le temps présent : il nous est aujourd'hui permis d'espérer qu'une alliance générale saura écarter tout danger de « s'emprisonner », et purifiera l'air du monde pour y rendre possibles d'universelles ententes et le maintien des droits communs à tous.

Si j'ai voulu analyser ici la situation internationale créée par cette guerre, ce n'est pas, bien entendu, que je soupçonne les dirigeants des grandes nations et des peuples avec lesquels nous sommes associés d'être d'un autre avis et d'entretenir d'autres desseins. Mais de temps à autre l'atmosphère est obscurcie par des brumes, je veux dire par des doutes sans fondement, par de pernicieuses déformations d'idées, et de temps à autre il redevient nécessaire de parler net et au besoin avec sans gêne, pour faire justice de tous ces commérages de bavards irresponsables où il est question des intrigues pacifistes, des défaillances morales, des intentions suspectes de ceux qui exercent le pouvoir. Il importe alors d'employer les mots les plus simples qui se puissent trouver, même s'il ne faut que redire ce qui a été déjà dit tout aussi clairement, mais peut-être en un langage plus châtié.

Comme je l'ai déjà remarqué, ce n'est ni moi ni aucun autre homme de gouvernement qui avons créé ou transformé les problèmes posés par cette guerre. Je n'ai eu qu'à les considérer en face avec toute la lucidité dont j'étais capable. Mais je les ai considérés avec joie, avec un intérêt de plus en plus vif, avec une confiance grandissante, à mesure qu'ils se révélaient plus clairement. Il est manifeste aujourd'hui que personne ne saurait les méconnaître, autrement que de plein gré. Je me sens obligé en conscience et je suis même heureux de lutter pour cette cause telle que le temps et les événements la révèlent à moi-même et au monde entier. Notre enthousiasme croît, de plus en plus irrésistible, à mesure que le but se dessine d'un trait plus lumineux et plus sûr.

Et les forces qui luttent pour ces grands objets se groupent en une phalange de plus en plus compacte, elles organisent les millions de combattants dont elles disposent en une armée de plus en plus invincible à mesure que la pensée et les desseins des peuples engagés dans cette lutte se précisent à l'égard des intérêts élevés qui en sont l'enjeu. C'est ici le carac-

tère propre de cette grande guerre : tandis que les
hommes d'État semblaient chercher en tâtonnant
la définition des résultats qu'ils voulaient atteindre,
tandis qu'ils déplaçaient leur base de discussion et
leur point de vue, la pensée des masses humaines
qu'ils étaient censés diriger et gouverner se déga-
geait de plus en plus de toute brume : elles aperce-
vaient avec une certitude croissante ce pour quoi elles
combattent. Les ambitions particulières des nations
sont passées de plus en plus à l'arrière-plan et la
préoccupation commune de l'humanité éclairée a pris
leur place. Les idées des âmes simples sont devenues
en tout lieu plus claires, plus fermes, plus concor-
dantes que les idées des politiciens qui, avec leur
logique pervertie, sont encore à s'imaginer qu'ils
jouent une partie pour gagner la suprématie et de
forts enjeux. Voilà pourquoi j'ai dit que c'est ici une
guerre de peuples, non une guerre d'hommes d'État.
Les hommes d'État n'ont qu'à suivre la voie que montre la conscience commune, victorieuse des ténèbres,
ou qu'à disparaître brisés.

J'imagine que c'est là la signification profonde de
ce fait, qu'à presque chacune de leurs réunions, tant
de groupements, d'associations de divers genres,
formées de simples travailleurs, de journaliers, ont
sommé et somment encore les chefs de leurs gouvernements de leur déclarer avec franchise les objets,
les véritables objets poursuivis dans cette guerre et
les clauses qui, à leur sens, devraient en former le
règlement final. Ces milieux ne sont donc pas satis-
faits de ce qui leur a été dit jusqu'ici. Ils semblent

redouter qu'on ne leur réponde encore en style d'homme d'État, qu'on ne leur parle de remaniements territoriaux et d'équilibres de puissances, quand ils voudraient entendre le langage qu'inspirent la justice, les vues larges, la compassion, l'amour de la paix, le désir de satisfaire les aspirations profondes des êtres humains opprimés et désespérés, des peuples traités en esclaves, seuls mobiles qui puissent justifier à leurs yeux une guerre où le monde entier s'abîme. Peut-être les hommes d'État n'ont-ils pas toujours reconnu ces aspects nouveaux de la politique et de l'action dans tout l'univers. Peut-être n'ont-ils pas toujours assez directement répondu aux questions posées, soit qu'ils aient ignoré la portée de ces questions, soit qu'ils n'aient pas aperçu la réponse qu'elles exigeaient.

En tout cas, pour ma part, je suis heureux de proposer maintes et maintes fois la réponse, parce que j'espère démontrer de plus en plus clairement que ma seule pensée est de donner satisfaction à ceux qui luttent dans la masse et qui peut-être ont plus de droit que tous autres à obtenir une réponse sur laquelle tout malentendu soit impossible, dès qu'on comprend la langue dans laquelle cette réponse est faite ou qu'on peut trouver quelqu'un pour la traduire correctement. Et je suis convaincu que, si l'occasion leur est offerte, les chefs des gouvernements avec lesquels nous sommes associés parleront aussi nettement que j'ai essayé de parler moi-même. J'espère bien qu'ils se sentiront libres de dire s'ils estiment que je me sois trompé plus ou moins en interprétant les problèmes posés ou en suggérant les moyens qui

pourraient nous valoir une solution satisfaisante de
ces problèmes. L'unité de dessein et d'intention est
aussi nécessaire dans cette guerre que l'était l'unité
de commandement sur le champ de bataille ; l'unité
de dessein et d'intention nous permettra d'escompter
avec certitude la victoire complète. Cette victoire ne
peut s'obtenir d'autre manière. Il n'est qu'un moyen
de neutraliser efficacement et faire cesser les petites
« offensives pacifistes », c'est de montrer que toute
victoire des nations associées contre l'Allemagne
rapproche les nations de cette paix qui rendra à
tous les peuples la confiance en l'avenir et la sécurité, qui empêchera à tout jamais le retour de ces
luttes brutales et sanglantes, c'est de montrer que
seule cette victoire assurera ce résultat. L'Allemagne est toujours occupée à signifier les « conditions » qu'elle acceptera et toujours elle découvre
que le monde ne veut pas des « conditions ». Il veut
le triomphe final de la justice et de la loyauté (¹).

(¹) Traduit d'après le texte du *New York Times*, 28 septembre 1918.

XXXIX

Première note de l'Allemagne, remise le vendredi 4 octobre par le baron Romberg, ministre d'Allemagne a Berne, au chef du Département politique du Gouvernement fédéral pour être transmise au Président Wilson([2]).

Le Gouvernement allemand prie le Président des États-Unis d'Amérique de prendre en main la cause de la paix, d'en informer tous les États belligérants et de les inviter à envoyer des plénipotentiaires pour ouvrir des négociations.

Le Gouvernement allemand prend pour base de ces négociations le programme élaboré dans le message adressé au Congrès le 8 janvier 1918 par le Président

([1]) Pour plusieurs des documents qui suivent, nous n'avons pu nous procurer de texte officiel ou de texte présentant les garanties de ceux qu'on trouve dans les recueils de A. Shaw et de J. B. Scott, qui s'arrêtent tous deux à avril 1918. Nous avons utilisé des coupures de journaux français et étrangers.

([2]) Publiée dans le *Temps* du 8 octobre.

des États-Unis d'Amérique et dans ses déclarations ultérieures, en particulier dans le discours du 27 septembre 1918.

Pour éviter que l'effusion de sang ne continue, le Gouvernement allemand demande la conclusion immédiate d'un armistice général sur terre, sur mer et dans les airs.

Max de Bade.

XL

PREMIÈRE RÉPONSE DU PRÉSIDENT WILSON, ENVOYÉE PAR LE SECRÉTAIRE D'ÉTAT AU CHARGÉ D'AFFAIRES DE SUISSE. — 8 OCTOBRE 1918.

Département d'État, 8 octobre.

J'ai l'honneur d'accuser réception, au nom du Président, de votre note du 6 octobre, à laquelle est jointe une communication du Gouvernement allemand au Président; et le Président m'a chargé de vous prier de communiquer ce qui suit au Chancelier impérial allemand :

« Avant de répondre au Gouvernement impérial allemand et afin que la réponse soit aussi sincère et sans détour que les formidables intérêts en jeu l'exigent, le Président des États-Unis estime nécessaire de s'assurer de la signification exacte de la note du Chancelier impérial.

« Le Chancelier impérial veut-il dire que le Gouvernement impérial allemand accepte les conditions posées par le Président dans son adresse au Congrès des États-Unis, le 8 janvier dernier, et dans ses adresses subséquentes, et que son but, en entamant des discussions, serait seulement de se mettre d'accord sur les détails pratiques de leur application?

« Le Président se voit dans l'obligation de dire, en ce qui concerne la suggestion d'un armistice, qu'il ne voit pas la possibilité de proposer une cessation des hostilités aux Gouvernements avec lesquels le Gouvernement des États-Unis est associé contre les puissances centrales aussi longtemps que les armées de ces dernières puissances sont sur le sol des Gouvernements associés.

« La bonne foi de toute discussion dépendrait manifestement du consentement des puisssances centrales de retirer immédiatement partout leurs forces des territoires envahis.

« Le Président se croit également justifié en demandant si le Chancelier impérial parle simplement au nom des autorités constituées de l'Empire qui, jusqu'ici, ont conduit la guerre.

« Il considère que la réponse à ces questions est vitale à tout point de vue. »

Agréez, monsieur, les assurances renouvelées de sa haute considération.

ROBERT LANSING.

XLI

DEUXIÈME NOTE ALLEMANDE, ENVOYÉE LE 12 OCTOBRE 1918.

En réponse aux questions du Président des États-

Unis d'Amérique, le Gouvernement allemand déclare :

« Le Gouvernement allemand a accepté les points que le Président Wilson a posés dans son discours du 8 janvier 1918 et dans ses discours postérieurs comme base d'une paix de droit durable. Le but des pourparlers à entamer serait donc seulement de s'entendre sur les détails pratiques de leur application.

« Le Gouvernement allemand suppose que les Gouvernements des puissances alliées des États-Unis aussi se placent sur le terrain des manifestations du Président Wilson.

« Le Gouvernement allemand, d'accord avec le Gouvernement austro-hongrois, se déclare prêt à répondre à la proposition d'évacuation du Président Wilson pour amener un armistice.

« Le Gouvernement allemand s'en rapporte au Président pour provoquer la réunion d'une commission mixte qui serait chargée de passer les accords nécessaires en vue de l'évacuation.

« Le Gouvernement allemand actuel, qui porte la responsabilité de conclure la paix, a été formé à la suite de négociations et d'accord avec la grande majorité du Reichstag, et s'appuyant dans chacun de ses actes sur la volonté de cette majorité, le Chancelier de l'empire parle au nom du Gouvernement et du peuple allemands.

Le secrétaire d'État
aux affaires étrangères,
SOLF.

XLII

Deuxième note du Président Wilson a l'Allemagne.

Département d'État, 14 octobre 1918.

En réponse à la communication du Gouvernement allemand en date du 12 du courant que vous m'avez remise aujourd'hui, j'ai l'honneur de vous demander de transmettre la réponse suivante :

« L'acceptation sans restriction par le Gouvernement allemand actuel et par une grande majorité du Reichstag allemand des conditions posées par le Président des États-Unis d'Amérique dans son adrésse au Congrès des États-Unis le 8 janvier 1918 et dans son adresse subséquente, justifie le Président à faire un exposé franc et direct de sa décision, relativement aux communications du Gouvernement allemand des 8 et 12 octobre 1918. Il doit être clairement entendu que le mode de l'évacuation et les conditions de l'armistice sont des questions qui doivent être laissées au jugement et aux avis des conseillers militaires du Gouvernement des États-Unis et des Gouvernements alliés, et le Président a le sentiment qu'il est de son devoir de dire que nul arrangement ne peut être accepté par le Gouvernement des États-Unis qui n'assurerait pas des sauvegardes et garanties, absolument satisfaisantes, du maintien de la présente suprématie militaire des armées des États-Unis et des alliés sur le champ de bataille. Il a confiance de pouvoir présumer, en toute sécurité, que tels seront aussi le jugement et la décision des Gouvernements alliés.

« Le Président sent aussi qu'il est de son devoir d'ajouter que ni le Gouvernement des États-Unis, ni, il en a l'entière certitude, les Gouvernements avec lesquels le Gouvernement des États-Unis est associé comme belligérant, ne consentiront à envisager un armistice aussi longtemps que les forces armées de l'Allemagne continueront de se livrer aux pratiques illégales et inhumaines dans lesquelles elles persistent.

« Au moment même où le Gouvernement approche le Gouvernement des États-Unis avec des propositions de paix, ses sous-marins s'acharnent à couler des navires à passagers sur mer, et non seulement les navires, mais les embarcations mêmes dans lesquelles les passagers et équipages cherchent à se sauver ; et dans leur retraite actuelle, forcée, de Flandres et de France, les armées allemandes poursuivent le cours de leurs destructions effrénées, ce qui a toujours été considéré comme étant en violation directe des règles et pratiques de la guerre civilisée. Villes et villages, s'ils ne sont pas détruits, sont dépouillés, non seulement de tout ce qu'ils contiennent, mais souvent de leurs habitants eux-mêmes. On ne saurait s'attendre à ce que les nations associées contre l'Allemagne consentent à une suspension d'armes, tandis que se poursuivent ces actes d'inhumanité, de dévastation et de désolation que ces nations considèrent à juste titre avec horreur et le cœur enflammé.

« Il est également nécessaire, afin qu'il n'y ait aucune possibilité de malentendu, que le Président appelle très solennellement l'attention du Gouvernement allemand sur la forme et la portée manifeste d'une des conditions de paix auxquelles le Gouvernement allemand a maintenant adhéré.

« Elle est contenue dans l'adresse du Président prononcée à Mount-Vernon, le 4 juillet dernier. Elle est ainsi conçue :

« Détruire tout pouvoir arbitraire où qu'il se
« trouve, qui peut séparément, secrètement et par sa
« seule volonté, troubler la paix du monde ; s'il ne
« peut être présentement détruit, au moins le réduire
« à une virtuelle impuissance. »

« Le pouvoir qui jusqu'ici a gouverné la nation allemande est de la nature ci-dessus indiquée. Il dépend de la volonté de la nation allemande de le changer. Les paroles du Président qui viennent d'être citées constituent naturellement une condition préalable à la paix, si la paix doit venir par l'action du peuple allemand lui-même. Le Président se sent obligé de dire que tout le processus de la paix, selon son opinion, sera subordonné à la précision et au caractère satisfaisant des garanties qui peuvent être données dans cette question fondamentale. Il est indispensable que les Gouvernements associés contre l'Allemagne sachent, sans équivoque possible, à qui ils ont affaire.

PRÉSIDENT WILSON.

21

« Le Président fera une réponse séparée au Gouvernement impérial et royal d'Autriche-Hongrie.

« Acceptez, monsieur, les assurances renouvelées de ma haute considération.

« Robert Lansing. »

XLIII

Troisième note de l'Allemagne, datée du 20 octobre 1918.

Le Gouvernement allemand, en acceptant la proposition relative à l'évacuation des territoires occupés, s'est inspiré de ce point de vue que les modalités de cette évacuation et les conditions de l'armistice devraient être confiées à des conseillers militaires et que les arrangements destinés à en assurer et à en garantir l'exécution devraient avoir pour base le rapport proportionnel des forces actuellement en présence sur le front. Le Gouvernement allemand laisse au président Wilson le soin de provoquer une occasion de régler les détails. Il compte que le Président des États-Unis n'approuvera pas des prétentions qui seraient inconciliables avec l'honneur du peuple allemand et avec la préparation d'une paix de justice.

Le Gouvernement allemand proteste contre les accusations relatives à des actions illégales et inhumaines qui ont été lancées contre les troupes allemandes de terre et de mer et, par conséquent, contre le peuple allemand. Des destructions sont toujours nécessaires pour couvrir une retraite, et elles sont, quand elles ont cet objet, permises par le droit des gens.

Les troupes allemandes ont reçu l'ordre le plus formel d'épargner la propriété privée et de prendre le plus grand souci possible de la population. Si, cependant, des excès sont commis, les coupables seront châtiés.

Le Gouvernement allemand conteste également que la marine allemande ait, lors des torpillages de navires, anéanti en pleine connaissance de cause des canots de sauvetage avec leurs occupants. Le Gouvernement allemand propose de faire éclaircir par des commissions neutres tous les faits relatifs aux points dont il vient d'être question.

Pour éviter tout ce qui pourrait entraver l'œuvre de paix, le Gouvernement allemand a fait adresser à tous les commandants de sous-marins des ordres destinés à rendre impossible tout torpillage de navires affectés aux transports de passagers. Pour des raisons d'ordre technique, il est toutefois impossible de garantir que ces ordres atteindront, avant leur retour, tous les sous-marins actuellement en mer.

Le Président pose comme condition fondamentale de la paix la destruction de tout pouvoir arbitraire susceptible de troubler à son gré la paix du monde en dehors de tout contrôle et par sa simple volonté.

Le Gouvernement allemand répond sur ce point : dans l'Empire allemand, le Gouvernement, jusqu'ici, était formé en dehors de toute action de la représentation nationale ; sa Constitution ne prévoyait pas, pour décider de la guerre ou de la paix, la collaboration de la représentation nationale. Une transformation radicale a modifié cet état de choses. Le nouveau Gouvernement a été constitué en parfait accord avec les vœux de la représentation nationale qui émane du suffrage égal, universel et direct. Les chefs des grands partis du Reichstag en sont membres. A l'avenir aussi, aucun Gouvernement ne pourra prendre le pouvoir ou continuer à l'exercer sans avoir la confiance de la majorité du Reichstag. La responsabilité du Chancelier d'Empire vis-à-vis de la représentation nationale sera étendue et assurée par une loi. Le premier acte du nouveau Gouvernement a été de présenter au Reichstag une loi qui modifie la constitution de l'Empire en ce sens que l'assentiment de la représentation nationale sera nécessaire pour décider de la paix et de la guerre.

La durée du nouveau système n'est pas seulement assurée par des garanties légales, mais par l'inébranlable volonté du peuple allemand qui, dans sa grande majorité, soutient ces réformes et exige qu'elles soient énergiquement poursuivies.

A la question posée par le Président qui demande à qui les Gouvernements alliés et lui ont affaire, il est ainsi répondu clairement et sans équivoque possible que l'offre de paix et d'armistice émane d'un Gouvernement qui, à l'abri de toute influence d'arbitraire d'un milieu dépourvu de responsabilité, s'appuie sur l'adhésion de l'écrasante majorité du peuple allemand.

SOLF.

XLIV

TROISIÈME NOTE DU PRÉSIDENT WILSON A L'ALLEMAGNE.

Département d'État, 23 octobre 1918.

Monsieur, j'ai l'honneur de vous accuser réception de votre note du 22 du courant transmettant une communication du Gouvernement allemand en date du 21 octobre et de vous informer que le Président m'a chargé de répondre à cette communication comme suit :

Ayant reçu les assurances solennelles et explicites du Gouvernement allemand, que celui-ci accepte sans réserve les conditions de paix exposées dans son adresse au Congrès des États-Unis, en date du 8 janvier 1918, ainsi que les principes de règlement énoncés dans ses adresses subséquentes, particulièrement dans l'adresse du 27 septembre, qu'il désire discuter les détails de leur application et que ce désir et cette intention émanent, non pas de ceux qui ont jusqu'ici dicté la politique allemande et conduit la présente guerre du côté de l'Allemagne, mais de ministres qui parlent pour la majorité du Reichstag et pour une majorité écrasante du peuple allemand ; ayant reçu aussi la promesse explicite du présent Gouvernement allemand que les règles humanitaires de la guerre civilisée seront observées et sur terre et sur mer par les forces allemandes armées, le Président des États-Unis estime qu'il ne peut pas refuser d'étudier avec les Gouvernements avec lesquels le Gouvernement des États-Unis est associé la question d'un armistice.

Il considère qu'il est de son devoir de redire, cependant, que le seul armistice qu'il s'estimerait justifié à soumettre pour être pris en considération, serait un armistice qui laisserait les États-Unis et les peuples associés avec eux en position d'imposer tout arrangement qui pourrait être conclu et de rendre impossible la reprise des hostilités de la part de l'Allemagne.

Le Président a donc transmis sa correspondance avec les présentes autorités allemandes aux Gouvernements avec lesquels le Gouvernement des États-Unis est associé comme belligérant, avec la suggestion que si ces Gouvernements sont disposés à effectuer la paix aux conditions et suivant les principes déjà indiqués, il conviendrait de demander à leurs conseillers militaires, ainsi qu'aux conseillers militaires des États-Unis, de soumettre aux Gouvernements associés contre l'Allemagne, les conditions nécessaires d'un armistice tel qu'il puisse protéger d'une manière absolue les intérêts des peuples intéressés et assurer aux Gouvernements associés le pouvoir illimité de sauvegarder et d'imposer les détails de la paix à laquelle le Gouvernement allemand a consenti, pourvu du moins qu'ils jugent un pareil armistice possible au point de vue militaire.

Si de semblables conditions d'armistice devaient être proposées, leur acceptation de la part de l'Allemagne fournirait la preuve la meilleure et la plus concrète que celle-ci accepte d'une façon non équivoque les conditions et les principes de paix dont dérive toute l'action.

Le Président semblerait lui-même manquer de sincérité s'il ne faisait pas ressortir dans les termes les plus francs possibles la raison pour laquelle des garanties extraordinaires doivent être exigées. Quelque significatifs et importants que semblent être les changements conditionnels dont parle le Secrétaire allemand des Affaires étrangères dans la note du 20 octobre, il ne paraît pas que le principe d'un Gouvernement responsable vis-à-vis du peuple allemand ait été complètement réalisé, ni que des garanties existent ou soient envisagées permettant d'avoir l'assurance que les modifications de principe et de pratique, actuellement consenties en partie, soient permanentes. D'ailleurs, il ne semble pas que l'on ait atteint le cœur de la difficulté actuelle. Il se peut que les guerres futures aient été mises sous le contrôle du peuple allemand, mais cette guerre-ci ne l'a pas été, et c'est avec cette guerre-ci que nous avons affaire. Il est évident que le peuple allemand n'a pas les moyens de forcer les autorités militaires de l'empire à se soumettre à la volonté populaire. Il est évident que le pouvoir qu'a le roi de Prusse de contrôler la politique de l'empire n'est pas affaibli ; que l'initiative déterminante reste encore entre les mains de ceux qui ont jusqu'à présent été les maîtres de l'Allemagne.

Estimant que toute la paix du monde dépend maintenant de la franchise dans les paroles et de la loyauté

dans les actions, le Président juge qu'il est de son
devoir de dire, sans essayer en aucune manière
d'adoucir les mots qui peuvent paraître durs, que
les nations du monde ne se fient pas et ne peuvent
pas se fier à la parole de ceux qui ont jusqu'à présent
été les maîtres de la politique allemande et de faire
remarquer une fois de plus qu'en concluant la paix
et en faisant des tentatives pour redresser les torts
infinis et les injustices de cette guerre, le Gouvernement des États-Unis ne saurait traiter qu'avec de
véritables représentants du peuple allemand investis
d'une autorité sincèrement constitutionnelle qui fasse
d'eux les véritables gouvernants de l'Allemagne. S'il
devait maintenant traiter avec les maîtres militaires
et les autocrates monarchiques de l'Allemagne, ou
s'il devait éventuellement avoir à traiter avec eux plus
tard pour ce qui concerne les obligations internationales de l'empire allemand, il devrait exiger non pas
des négociations de paix, mais une capitulation. Il
n'y a rien à gagner en taisant cette chose essentielle.

Acceptez, monsieur, l'assurance renouvelée de ma
plus haute considération.

Robert Lansing.

XLV

Quatrième note de l'Allemagne au Président Wilson.
— 27 octobre 1918.

Le Gouvernement allemand a pris connaissance de
la réponse du Président des États-Unis. Le Président

connaît les changements d'une grande portée qui ont été accomplis et sont encore en cours d'exécution dans le régime constitutionnel de l'Allemagne. Les négociations de paix sont conduites par un Gouvernement national qui a entre les mains l'autorité effective et constitutionnelle pour prendre une décision.

Les pouvoirs militaires sont également subordonnés à ce Gouvernement.

Le Gouvernement allemand attend maintenant les propositions de l'armistice qui sera le premier pas vers une paix telle que le Président l'a décrite dans ses proclamations.

XLVI

QUATRIÈME NOTE DU PRÉSIDENT WILSON A L'ALLEMAGNE.
— 5 NOVEMBRE 1918.

MONSIEUR (¹),

J'ai l'honneur de vous prier de transmettre la communication suivante au Gouvernement allemand.

Dans ma note du 23 octobre 1918, je vous informais que le Président avait transmis sa correspondance avec les autorités allemandes aux Gouvernements avec lesquels le gouvernement des États-Unis est associé comme belligérant, et que le Président avait joint à cette communication la suggestion que si ces Gou-

---

(¹) Elle est adressée à M. Sulzer, ministre suisse à Washington.

vernements étaient disposés à conclure la paix, suivant les conditions et les principes indiqués, leurs conseillers militaires des États-Unis devraient être invités à soumettre aux Gouvernements associés contre l'Allemagne, les conditions nécessaires d'un armistice capable de protéger complètement les intérêts des peuples engagés et qui assurerait aux Gouvernements associés le pouvoir sans restriction de sauvegarder et de faire exécuter les détails de la paix que le Gouvernement allemand a acceptée, pourvu qu'ils estimassent un tel armistice possible au point de vue militaire.

« Le Président est maintenant en possession d'un mémorandum d'observations à lui adressé par les Gouvernements alliés au sujet de cette correspondance et dont voici le texte :

« Les Gouvernements alliés ont examiné avec soin la correspondance échangée entre le Président des États-Unis et le Gouvernement allemand. Sous réserve des observations qui suivent, ils se déclarent disposés à conclure la paix avec le Gouvernement allemand aux conditions posées dans l'adresse du Président du Congrès le 8 janvier 1918, et selon les principes énoncés dans ces déclarations ultérieures.

« Ils doivent toutefois faire remarquer que l'article 2, relatif à ce que l'on appelle couramment la liberté des mers, se prête à diverses interprétations, dont certaines sont telles qu'ils ne pourraient pas les accepter. Ils doivent, en conséquence, se réserver une liberté d'action entière sur cette question, quand ils viendront siéger à la conférence de la paix.

« D'autre part, lorsqu'il a formulé les conditions de paix dans son adresse au Congrès du 8 janvier dernier, le Président a déclaré que les territoires envahis doivent être non seulement évacués et libérés, mais restaurés. Les alliés pensent qu'il ne faudrait laisser subsister aucun doute sur ce qu'implique cette stipulation. Ils comprennent par là que l'Allemagne devra compenser tous les dommages subis par les populations civiles des nations alliées et par leurs propriétés, du fait des forces armées de l'Allemagne, soit sur terre, soit sur mer, soit en conséquence d'opérations aériennes. »

Je suis chargé par le Président de dire qu'il est en accord avec l'interprétation énoncée dans le dernier paragraphe du mémorandum ci-dessus.

Je suis aussi chargé par le Président de vous demander de notifier au Gouvernement allemand que le maréchal Foch a été autorisé par le Gouvernement des États-Unis et les Gouvernements alliés à recevoir les représentants dûment accrédités du Gouvernement allemand et à leur communiquer les conditions d'un armistice.

Agréez, monsieur, les assurances renouvelées de ma plus haute considération.

ROBERT LANSING.

NOTES ÉCHANGÉES ENTRE LE GOUVERNEMENT AUSTRO-HONGROIS ET LE GOUVERNEMENT DES ÉTATS-UNIS A PROPOS DE L'ARMISTICE SOLLICITÉ PAR L'AUTRICHE. — OCTOBRE 1918.

XLVII

PREMIÈRE NOTE DE L'AUTRICHE, DATÉE DU 7 OCTOBRE 1918, AU PRÉSIDENT DES ÉTATS-UNIS D'AMÉRIQUE.

La Monarchie austro-hongroise, qui n'a jamais fait qu'une guerre défensive et qui a témoigné à maintes reprises de son désir de mettre fin à l'effusion du sang et de conclure une paix honorable et équitable, propose par la présente au Président des États-Unis de conclure immédiatement, avec lui et avec ses alliés, un armistice général sur tous les fronts, sur terre, sur mer et dans les airs, et d'entamer sans délai des négociations de paix.

Ces négociations auraient pour base les quatorze points du message du 12 février 1918. On tiendrait compte également des déclarations faites par le Président Wilson le 27 septembre 1918.

XLVIII

RÉPONSE DU PRÉSIDENT WILSON A LA NOTE PRÉCÉDENTE.

Département d'État, 18 octobre 1918.

MONSIEUR ([1]),

J'ai l'honneur de vous accuser réception de votre note du 7 courant dans laquelle vous me transmettiez une communication du Gouvernement impérial et royal d'Autriche-Hongrie au Président de la République des États-Unis, en vous priant de bien vouloir transmettre, par l'intermédiaire de votre Gouvernement, au Gouvernement impérial et royal la réponse suivante :

« Le Président estime de son devoir de déclarer au Gouvernement austro-hongrois qu'il ne peut retenir les suggestions actuelles de ce Gouvernement en raison de certains événements de la plus haute importance qui, survenus depuis la délivrance de l'adresse présidentielle du 8 janvier dernier, ont nécessairement modifié l'attitude et la responsabilité du Gouvernement des États-Unis.

([1]) Elle est adressée au ministre de Suède à Washington, qui avait remis la note autrichienne.

« Parmi les quatorze conditions de paix que le président formulait à cette époque, se trouvait la suivante :

« Aux peuples de l'Autriche-Hongrie, dont nous « désirons sauvegarder la place parmi les nations, « devrait être données les plus larges facilités en vue « d'un développement autonome. »

« Depuis que cette phrase a été écrite et prononcée devant le Congrès des États-Unis, le Gouvernement des États-Unis a reconnu qu'un état de belligérance existe entre les Tchéco-Slovaques et les empires allemand et austro-hongrois, et que le Conseil national tchéco-slovaque est *de facto* un Gouvernement belligérant investi de l'autorité propre pour diriger les affaires politiques et militaires des Tchéco-Slovaques.

« Il a aussi reconnu de la façon le plus complète la justice des aspirations nationalistes des Jougo-Slaves pour la liberté.

« Le Président n'est donc plus dorénavant libre d'accepter une simple « autonomie » de ces peuples comme une base de paix, mais est obligé d'insister sur le fait que ce sont eux et non pas lui qui devront juger en quelle manière une action du Gouvernement austro-hongrois pourra satisfaire leurs aspirations et leur conception de leurs droits et de leur destinée comme membres de la famille des nations. »

Acceptez, monsieur, les assurances renouvelées de ma très haute considération.

ROBERT LANSING.

XLIX

**Deuxième note de l'Autriche datée du 27 octobre.
1918.**

En réponse à la note du Président Wilson du 18
de ce mois, adressée au Gouvernement austro-hongrois et au sens de la décision du Président de parler
en particulier avec l'Autriche-Hongrie de la question
de l'armistice et de la paix, le Gouvernement austro-
hongrois a l'honneur de déclarer que, de même
qu'aux précédentes proclamations du Président, il
adhère aussi à sa manière de voir contenue dans la
dernière note sur les droits des peuples d'Autriche-
Hongrie, spécialement ceux des Tchéco-Slovaques et
des Jougo-Slaves.

Comme, par conséquent, l'Autriche-Hongrie
accepte toutes les conditions desquelles le Président
a fait dépendre l'entrée en pourparlers sur l'armistice
et la paix, rien ne fait plus obstacle, d'après l'avis du
Gouvernement austro-hongrois, au commencement
de ces pourparlers.

Le Gouvernement austro-hongrois se déclare en
conséquence prêt, sans attendre le résultat d'autres
négociations, à entrer en pourparlers sur la paix
entre l'Autriche-Hongrie et les États du parti opposé
et sur un armistice immédiat sur tous les fronts de
l'Autriche-Hongrie.

Il prie le président Wilson de bien vouloir faire
des ouvertures à ce sujet.

L

NOTE ADRESSÉE PAR LE COMTE ANDRASSY A M. LANSING
— 28 OCTOBRE 1918.

Aussitôt après avoir pris la direction du ministère
des Affaires étrangères et l'envoi de la réponse
officielle à votre note du 18 octobre 1918, par
laquelle vous pouvez voir que nous acceptons, en
tous leurs points, les principes causés par le Président des États-Unis dans ses diverses déclarations,
complètement d'accord avec les efforts du Président
Wilson pour prévenir les guerres futures et créer
une famille des peuples, nous avons pris déjà les
mesures préparatoires pour que les peuples d'Autriche-Hongrie puissent, selon leur propre désir,
sans être aucunement gênés, prendre une décision
sur leur organisation future et la régler.

Depuis l'arrivée au pouvoir de l'Empereur-roi
Charles, son immuable dessein fut d'amener la fin
de la guerre. Plus que jamais, c'est aujourd'hui le
désir du souverain et de tous les peuples d'Autriche-Hongrie, qui sont convaincus que leur destinée
future ne peut s'accomplir que dans un monde pacifique, affranchi de tous les ébranlements des privations et des amertumes de la guerre.

C'est pourquoi je m'adresse directement à vous,
Monsieur le Secrétaire d'État, avec prière de vouloir

bien intervenir auprès du Président des États-Unis
pour que, dans l'intérêt de l'humanité, comme dans
l'intérêt de tous ceux qui vivent en Autriche-Hongrie,
un armistice immédiat soit conclu sur les fronts
d'Autriche-Hongrie et pour que l'ouverture de négociations de paix suive.

LI

Discours au Congrès a l'occasion de la signature de l'armistice. — 11 novembre 1918.

Messieurs du Congrès,

En cette période de changements brusques et formidables, j'ai l'impression d'alléger dans une certaine mesure ma responsabilité en m'acquittant personnellement du devoir de vous communiquer
quelques-uns des événements les plus considérables
de la situation que nous avons nécessairement à
considérer.

Les autorités allemandes qui, sur l'invitation du
Conseil suprême de la guerre, sont entrées en rapport avec le maréchal Foch, ont accepté et signé les
conditions de l'armistice qu'il avait pouvoir et mission
de leur proposer.

[*Ici le Président Wilson lit les conditions de l'armistice.*]

La guerre par conséquent prend fin, car le commandement allemand, ayant accepté ces conditions
d'armistice, sera dans l'impossibilité de reprendre
les hostilités.

On ne saurait évaluer dès à présent les conséquences de ce dénouement si important. Nous ne savons qu'une chose, c'est que cet incendie dévorant dont les flammes allaient se propageant d'une nation à l'autre jusqu'à ce que le monde entier fût embrasé, cette guerre tragique est close, et que notre peuple a eu le privilège d'intervenir dans cette lutte, au moment le plus critique, d'une manière telle, avec une telle force, que nous pouvons être profondément fiers de ce que nous avons fait pour préparer ce résultat considérable.

Nous savons encore que l'objet de cette guerre est atteint, celui qui était cher au cœur de tous les hommes libres : il est même si complètement atteint que nous ne pouvons, même à cette heure, nous représenter pleinement notre triomphe.

L'impérialisme fondé sur la force des armes, tel que le concevaient les hommes qui hier encore étaient les maîtres de l'Allemagne, est frappé à mort. Il sombre avec ses ambitions criminelles dans un lugubre naufrage. Qui maintenant tenterait de lui rendre la vie ? L'absolutisme de la caste militaire allemande, à laquelle il appartenait de ruiner, quand bon lui semblait, par son action ténébreuse, la paix du monde, n'est plus qu'une idole discréditée et renversée.

Et cela n'est pas encore le plus important, il s'en faut de beaucoup. Les grandes nations qui se sont associées pour détruire cet impérialisme ont d'un commun accord expressément affirmé leur intention d'instituer une paix qui donnera satisfaction aux aspirations du monde entier vers une justice désintéressée. Cette justice s'exprimera dans des conventions formelles fondées sur quelque chose de bien autrement respectable et durable que les compétitions égoïstes des grandes puissances.

Il ne peut y avoir désormais d'incertitude sur le dessein des vainqueurs. Ce dessein ne provient pas seulement de leur intelligence, il provient de leur cœur. Ils professent leur intention unanime de contenter et de protéger le faible, au même titre qu'ils reconnaîtront les droits légitimes du fort. L'humanité des gouvernements victorieux s'est déjà manifestée de la manière la plus tangible. Leurs représentants au Conseil suprême de la guerre à Versailles ont, après entente, assuré aux peuples des empires centraux que tout ce qui est possible dans les circonstances présentes serait fait pour qu'il leur soit fourni des vivres et tous objets de pressante nécessité dont la pénurie en bien des endroits menace l'existence même de la population. Des mesures doivent être prises incessamment pour coordonner les efforts dans ce sens avec autant de méthode que lorsqu'il s'est agi de secourir la Belgique.

En employant le tonnage disponible des empires centraux il doit être immédiatement possible de conjurer le péril d'un excessif dénuement qui accablerait ces populations misérables, les privant de la liberté d'esprit et de l'énergie nécessaires pour entreprendre la tâche formidable et périlleuse qui leur incombe de se reconstituer politiquement. La faim n'engendre pas les réformes, elle n'engendre que la folie et les violents désordres qui rendent toute existence normale impossible.

Car la chute des anciens gouvernements, qui ont pesé comme un cauchemar sur les peuples des empires centraux, n'a pas seulement entraîné des transformations politiques ; elle a provoqué une révolution et une révolution qui n'a pas jusqu'à présent revêtu une forme stable et définitive, mais qui glisse de changements en changements avec une telle mobilité que tous les hommes réfléchis s'inquiètent de savoir avec quels gouvernements et quelle espèce de gouvernements nous aurons à négocier pour préparer le traité de paix. Investis de quelle autorité se présenteront-ils devant nous et quelles garanties aurons-nous que cette autorité sera capable d'assurer efficacement le respect des arrangements internationaux que nous aurons conclus ?

C'est là un très grave sujet d'appréhension et de crainte. Une fois que la paix sera faite, sur quels autres engagements et promesses que les nôtres reposera-t-elle ?

Parlons en toute franchise et reconnaissons que ces questions ne peuvent recevoir de solution immédiate satisfaisante à l'heure où nous sommes. De cela certes il ne faut pas déduire qu'on doit se contenter de constater la quasi-impossibilité d'une solution prochaine acceptable. Il faut seulement conclure que nous devons nous montrer patients, serviables, et par-dessus tout suivre avec attention l'élaboration du nouvel ordre de choses, si plein d'espérances et de promesses.

La violence est stérile. La malheureuse Russie vient de nous le prouver surabondamment. Le désordre ruine immédiatement son œuvre. Si des violences se produisaient, si l'anarchie relevait un moment la tête, pourvu que notre aide se fît sentir et que nous ne fussions pas un obstacle, l'instant d'après se manifesterait une pensée plus sage et l'on se mettrait à reconstruire.

Le présent et tout ce qui le concerne appartiennent aux nations et aux peuples qui ont conservé leur maîtrise sur eux-mêmes et leur régime régulier de gouvernement ; l'avenir est à ceux qui se montreront les amis véritables de l'humanité. Vaincre par les armes, c'est seulement remporter une victoire passagère ; conquérir le monde en gagnant son estime, voilà une conquête durable.

J'ai la conviction que les nations formées par la discipline de la liberté, habituées à se dominer elles-mêmes et à jouir de la liberté dans l'ordre, voudront maintenant conquérir le monde en lui donnant un éclatant exemple d'entr'aide amicale. Quant aux peuples qui viennent seulement de secouer le joug d'un gouvernement tyrannique et qui entrent enfin dans la liberté, qu'ils sachent que ces trésors de la liberté qu'ils convoitent, jamais ils ne les trouveront s'ils les cherchent à la lueur des torches incendiaires. Ils verront que tous les chemins rougis par le sang de leurs propres frères conduisent au désert sauvage, non pas à la terre que se promet leur espérance. Ils sont en face de leur première épreuve. Nous devons tenir la lumière d'un bras ferme jusqu'à ce qu'ils trouvent la bonne voie. En attendant, nous devons, si c'est possible, établir une paix qui déterminera équitablement leur place parmi les nations, les délivrera de toute crainte à l'égard de leurs voisins et de leurs anciens maîtres, leur permettra de vivre en sécurité et dans le contentement, le jour où ils auront rétabli l'ordre dans leur situation politique.

Quant à moi, je ne mets en doute ni leur intention ni leur capacité. Déjà des signes heureux autorisent à croire qu'ils découvriront et choisiront la méthode de la discipline volontaire et des réformes pacifiques. Si tel est leur choix, nous leur prêterons toute l'aide que nous puissions leur fournir en toute manière. S'ils choisissent autrement, nous devrons attendre avec patience et sympathie le réveil et la guérison qui certainement finiront par venir(¹).

(¹) Traduit d'après le texte du *New York Tribune*, 12 novembre 1918.

LII

Extraits du discours prononcé devant le Congrès peu de jours avant le départ du Président Wilson pour l'Europe. — 2 décembre 1918.

Dans *son Message annuel au Congrès lu le 2 décembre 1918, le Président Wilson a surtout rendu hommage à la bravoure des soldats et marins américains, au mérite des officiers, depuis les grands chefs, Pershing et Sims, jusqu'au plus jeune des lieutenants. Il a rappelé quelques chiffres :*

« Il y a un an à cette date nous avions envoyé de l'autre côté de l'océan 145 918 hommes. Depuis lors nous en avons transporté 1 950 513, c'est-à-dire en moyenne 162 542 chaque mois, ce nombre s'élevant pour mai dernier à 245 951, pour juin à 278 760, pour juillet à 307 182, et se maintenant sensiblement le même pour août et pour septembre (289 570 pour août, 257 458 pour septembre)..... Au cours de tous ces voyages par mer nous n'avons perdu que 758 hommes par les attaques des ennemis, sur lesquels

63o périrent par le seul naufrage d'un transport
anglais près des îles Orcades. »

*Rappelant les exploits des troupes américaines, il a
dit :*

« Pendant longtemps, nous que le devoir a maintenus aux États-Unis, nous nous estimerons les victimes d'un mauvais destin, et nous nous sentirons
bien humbles quand on parlera devant nous des
combattants de Saint-Mihiel et de Château-Thierry.
Le souvenir de ces journées triomphales accompa-
gnera jusqu'à leurs tombeaux ces privilégiés du sort
et chacun d'eux gardera pieusement ses souvenirs
préférés.

> « L'homme avec l'âge oublie, tout sera oublié,
> Mais ils vivront toujours chers au cœur du héros
> Les exploits en ce jour accomplis..... »

Tous nous rendons grâce à Dieu du plus profond
de nos cœurs parce qu'il a été donné à nos soldats
d'arriver en force sur la ligne de bataille juste à
l'heure critique où le destin du monde entier s'em-
blait osciller incertain et de jeter leur vigueur toute
fraîche dans les rangs des défenseurs de la liberté
assez tôt pour renverser la situation et mettre un
terme à ces luttes fatales. Ils la renversèrent au
point qu'à partir de cet instant l'ennemi dut reculer,
reculer, toujours reculer, sans jamais regagner du
terrain. Alors en moins de quatre mois le commandement des empires centraux prit conscience de sa

défaite et aujourd'hui ces empires mêmes sont en décomposition..... »

Un passage de ce discours se rapporte au rôle des femmes américaines pendant cette guerre :

« Le moins que nous leur devions pour récompenser de tels services c'est de faire des femmes les égales des hommes au point de vue des droits politiques, puisqu'elles ont prouvé qu'elles sont leurs égales dans tous les domaines de l'activité pratique où elles ont pénétré, qu'elles aient travaillé pour leur propre compte ou pour celui de l'État. Ces grandes journées par lesquelles s'achève une œuvre définitive seraient gâtées si nous omettions cet acte de justice. »

La suite du discours est relative à certaines mesures industrielles, agricoles et financières qui n'intéressent pas directement le lecteur européen. Mais nous devons citer un passage qui concerne la France et la Belgique :

« Comment pourrais-je ne point parler spécialement des besoins de la Belgique et la France septentrionale ? Aucune somme d'argent payée à titre d'indemnité ne suffira par elle-même à préserver ces populations d'une infériorité irrémédiable pendant une série d'années à venir. Trouver de l'argent ne suffit pas, il faut faire quelque chose de plus. Auraient-elles dès demain de l'argent et des matières premières en abondance qu'elles ne pourraient reprendre tout de suite leur place dans le monde industriel, la place très importante qu'elles occupaient avant que la guerre se déchaînât sur elles. Un nombre considérable de fabriques ont été rasées jusqu'au sol. La plupart des machines ont été détruites ou emportées. Les populations ont été disséminées, nombre des meilleurs ouvriers sont morts. Les marchés seront accaparés par les compétiteurs si nous ne trouvons un moyen spécial pour aider ces régions à reconstruire leurs fabriques et à remplacer l'outillage perdu. Il ne faut pas les laisser exposées aux périls d'une âpre concurrence, qu'il s'agisse des matières premières ou du machinisme qui leur sont nécessaires. C'est pourquoi j'espère que le Congrès sera disposé, si c'est nécessaire, à concéder à tel organisme comme l'Office du Commerce de guerre (War Trade Board) le pouvoir d'établir des priorités d'exportation et des facilités d'approvisionnement en faveur de ces populations que nous avons eu le bonheur d'arracher au régime de terreur des Allemands et qu'il ne faudrait point avec insouciance laisser affronter les rivalités commerciales sur des marchés d'où toute pitié est exclue. »

Le Président a conclu en ces termes:

« Je saisis cette occasion d'annoncer au Congrès que j'ai l'intention de me rendre à Paris pour me joindre aux représentants des gouvernements avec lesquels nous avons été associés au cours de cette guerre contre les empires centraux et examiner avec eux dans ses grandes lignes le futur traité de paix. Je me représente les graves inconvénients d'une telle absence, particulièrement en ce moment, mais j'ai été conduit à la conclusion que ce voyage s'impose

comme un devoir qui prime tous les autres par des
considérations qui, je l'espère, vous paraîtront aussi
péremptoires qu'elles ont paru à moi-même. Les gouvernements alliés ont accepté comme base du futur
traité de paix les conditions que j'avais sommairement
indiquées au Congrès le 8 janvier dernier, et qu'avaient
déjà acceptées les empires centraux. Les gouvernements alliés tiennent, comme c'est parfaitement raisonnable, à me consulter personnellement sur l'interprétation et l'application de ces clauses et il est
grandement souhaitable que je réponde à ce désir
afin de montrer clairement la sincère intention de
notre gouvernement de contribuer sans aucune préoccupation égoïste à des arrangements conclus pour le
commun profit de toutes les nations intéressées.

Les accords sur lesquels la paix doit être fondée
sont d'une importance incalculable et pour nous et
pour le reste du monde et je ne sais aucune tâche,
aucun problème pratique qui méritent plus qu'eux
notre attention. Les vaillants soldats de nos armées
de terre et de mer ont consciemment lutté pour les
fins idéales qu'ils savaient être celles de leur patrie.
Je me suis appliqué à exprimer cet idéal. Les hommes
d'État y ont reconnu la substance même de leurs
propres pensées et de leurs intentions, les gouvernements associés l'ont accepté. Je dois aux nôtres de
faire tout mon possible pour qu'une interprétation
erronée ne puisse le dénaturer, pour que rien ne soit
omis qui aide à le réaliser. Le devoir me commande
de donner mon plus grand effort pour mener à bien
l'œuvre pour laquelle ils ont versé leur sang, sacrifié

leurs vies. Je ne puis concevoir aucune exigence de mes fonctions plus impérieuse que celle-là (¹) ».

Les dernières lignes du Message indiquent les mesures prises par le Président pour rester, malgré son absence, en étroit contact avec le peuple des États-Unis.

____

(¹) Traduit d'après le texte de l'*Official United States Bulletin*, 4 décembre 1918.

LIII

TOAST PRONONCÉ PAR LE PRÉSIDENT WILSON A L'ÉLYSÉE
LE 14 DÉCEMBRE 1918 ([1]).

MONSIEUR LE PRÉSIDENT,

Je vous suis profondément reconnaissant de votre
gracieux accueil. Il m'est très agréable de me trouver

([1]) Ce toast répondait à celui du Président Poincaré que nous croyons
utile de citer in extenso :

MONSIEUR LE PRÉSIDENT,

Paris et la France vous attendaient avec impatience. Ils avaient hâte
d'acclamer en vous l'illustre démocrate dont une pensée supérieure inspire
la parole et l'action, le philosophe qui aime à dégager des événements
particuliers des lois universelles, l'homme d'État éminent qui a trouvé,
pour exprimer les plus hautes vérités politiques et morales, des formules
frappées au coin de l'immortalité.

Ils avaient aussi le désir passionné de remercier en votre personne la
grande République dont vous êtes le chef, pour le concours inappréciable
qu'elle a spontanément donné, dans cette guerre, aux défenseurs du droit
et de la liberté.

Avant même que l'Amérique eût pris le parti d'intervenir dans la lutte,
elle avait témoigné aux blessés, aux veuves, aux orphelins de France,
une sollicitude et une générosité dont le souvenir ne s'effacera jamais
dans nos cœurs. Les libéralités de votre Croix-Rouge, les innombrables
souscriptions de vos concitoyens, les touchantes initiatives des femmes
américaines ont devancé votre action navale et militaire et montré peu à
peu au monde de quel côté se tournaient vos sympathies. Et le jour où
vous vous êtes jetés en pleine bataille, avec quelle volonté votre grand
peuple et vous n'avez-vous pas préparé notre succès commun !

en France et de sentir ce vif contact de sympathie et d'amitié vraie et sincère entre les représentants des États-Unis et les représentants de la France. Vous

---

Vous me télégraphiiez il y a quelques mois, que les États-Unis enverraient en Europe des forces croissantes jusqu'à ce que les armées alliées fussent en mesure de submerger l'ennemi sous un flot débordant de divisions nouvelles. Et en effet, un courant continu de jeunesse et d'énergie est venu, pendant plus d'une année, se déverser sur le sol de France. A peine débarqués, vos vaillants bataillons, enflammés par leur chef, le général Pershing, se sont précipités au combat avec un si mâle mépris du danger, un dédain si souriant de la mort, que notre vieille expérience de cette terrible guerre était souvent tentée de leur conseiller la prudence. Ils ont apporté ici, en arrivant, tout l'enthousiasme de croisés partant pour la terre sainte. Ils ont le droit maintenant, de contempler avec fierté l'œuvre accomplie et de se dire qu'ils y ont puissamment aidé par leur courage et leur foi.

Si ardents qu'ils fussent contre l'ennemi, ils ignoraient cependant, lorsqu'ils sont venus, l'énormité de ses attentats. Pour être renseignés sur les procédés de l'armée allemande, il a fallu qu'ils vissent eux-mêmes les villes systématiquement incendiées, les mines inondées, les usines réduites en poussière, les vergers dévastés, les cathédrales écrasées sous les obus et rongées par le feu, tout ce plan de guerre sauvage à la richesse nationale, à la nature et à la beauté, que l'imagination ne saurait concevoir loin des hommes et des choses qui en ont souffert et qui en portent le témoignage. Vous pourrez, à votre tour, Monsieur le Président, mesurer de vos yeux l'étendue de ces désastres; et le gouvernement français vous communiquera, par surcroît, des documents authentiques où l'état-major allemand expose, avec un cynisme déconcertant, son programme de pillage et d'anéantissement industriel. Votre noble conscience prononcera sur ces forfaits.

S'ils restaient sans sanction et s'ils pouvaient se renouveler, les plus belles victoires seraient vaines. Monsieur le Président, la France a lutté, patienté, peiné pendant quatre longues années; elle a saigné par toutes ses veines; elle a perdu les meilleurs de ses enfants; elle porte le deuil de sa jeunesse. Elle aspire aujourd'hui, comme vous, à une paix de justice et de sécurité.

Ce n'est pas pour être exposée à des recommencements d'agression qu'elle s'est résignée à tant de sacrifices. Ce n'est pas non plus pour laisser des criminels impunis relever la tête et préparer de nouveaux assassinats que, sous votre forte impulsion, l'Amérique s'est armée et a traversé l'Océan. Fidèle au souvenir de La Fayette et de Rochambeau, elle est venue secourir la France parce que la France elle-même était

avez été très généreux dans ce que vous avez bien
voulu dire à mon égard, mais je sens que ce que j'ai
dit et ce que j'ai essayé de faire a été dit et fait dans
le seul désir d'exprimer fidèlement l'idéal du peuple
des États-Unis et de traduire cet idéal en actes. Dès
le début, la pensée du peuple des États-Unis a tendu
vers quelque chose de plus qu'à terminer la guerre
par la victoire : elle a tendu vers l'établissement des

fidèle à ses traditions. Notre idéal commun a triomphé. Nous avons
défendu ensemble les principes vitaux des sociétés libres. Nous avons
maintenant à édifier ensemble une paix qui ne permette pas la reconsti-
titution directe ou hypocrite des organisations de conquête et d'oppression.

Pour les misères et les tristesses d'hier, il faut que la paix soit une
réparation ; contre les périls de demain, il faut qu'elle soit une garantie.
L'association qui s'est formée pour la guerre, entre les États-Unis et les
alliés, et qui contient le germe de cette institution permanente dont vous
avez si éloquemment parlé, va trouver, dès maintenant, un emploi précis
et bienfaisant dans l'étude concertée des solutions équitables et dans le
mutuel appui dont nous avons besoin les uns et les autres, pour faire prévaloir nos droits.

Quelques précautions d'avenir que nous prenions, personne, hélas ! ne
peut affirmer que nous épargnerons pour toujours à l'humanité l'horreur
de guerres nouvelles. Il y a cinq ans, le progrès de la science et l'état de
la civilisation auraient dû permettre d'espérer qu'aucun gouvernement,
même autocratique, ne réussirait à jeter des peuples en armes sur la Belgique et sur la Serbie. Sans avoir l'illusion que la postérité soit jamais
complètement à l'abri de ces folies collectives, nous devons mettre dans
la paix que nous ferons toutes les conditions de justice et toutes les
chances de durée que nous serons capables d'y introduire. C'est à cette
tâche immense et magnifique que vous avez voulu, Monsieur le Président,
venir vous-même travailler avec la France. La France vous remercie. Elle
connaît l'amitié de l'Amérique. Elle connaît la droiture et l'élévation de
votre esprit. C'est en pleine confiance qu'elle s'apprête à collaborer avec
vous.

Je lève mon verre, Monsieur le Président, en votre honneur et en
l'honneur de Mme Wilson.

Je bois à la prospérité de la République des États-Unis, notre grande
amie d'hier et d'autrefois, de demain et de toujours.

principes éternels de droit et de justice. Notre peuple
a compris qu'il ne suffirait pas de vaincre ; mais que
la guerre devait être gagnée de telle façon, et les
questions soulevées par elle résolues de telle façon
que la paix future du monde fût garantie et qu'une
base fût établie pour la liberté et le bonheur des
nombreux peuples et nations qui y auront participé.

Jamais jusqu'alors la guerre n'avait révêtu un
aspect aussi terrible, ni dévoilé plus nettement
l'influence avilissante d'ambitions illicites. Je sais
que la contemplation des ruines créées par les
armées des empires centraux m'inspirera la même
répulsion et la même profonde indignation que res-
sentent en leur cœur les peuples de France et de Belgique, et j'apprécie comme vous, Monsieur le Président, la nécessité de prendre, en décidant des
résultats de la guerre, des mesures telles que non
seulement ces actes de terreur et de spoliation
seront flétris, mais que l'humanité entière restera
avertie qu'aucun peuple ne pourra oser de pareils
outrages sans encourir la certitude d'un juste châtiment.

Je sais avec quelle ardeur et quel enthousiasme
les soldats et les marins des États-Unis se sont
lancés corps et âme dans cette guerre de rédemp-
tion. Ils ont exprimé le véritable esprit de l'Amérique. Ils ont la foi que leurs idéals sont bien ceux de
tous les peuples libres de l'univers, et ils se réjouissent
du rôle qu'ils ont joué dans la réalisation de ces
idéals, de concert avec les armées alliées. Nous
sommes fiers du rôle qu'ils ont joué et nous sommes

heureux qu'ils aient eu comme associés de tels camarades dans une cause commune.

C'est avec un sentiment tout particulier, Monsieur le Président, que je me trouve en France, me réjouissant avec vous de la victoire remportée. Les liens qui unissent la France et les États-Unis sont singulièrement étroits. Je ne sais pas avec quelle autre camaraderie nous aurions pu combattre avec plus de joie et d'enthousiasme. Ce me sera journellement un plaisir que d'entrer en consultation avec les hommes d'État de la France et de ses alliés pour l'étude des mesures par lesquelles nous pourrons assurer la permanence de ces heureuses relations d'amitié et de coopération, et garantir à l'humanité en général cette sécurité et cette liberté de vie qui ne peuvent être obtenues que par l'association et la collaboration constantes de vrais amis.

Je vous salue, Monsieur le Président, non seulement avec un profond respect personnel, mais également comme le représentant du grand peuple français, et j'ai l'honneur de vous apporter les salutations d'un autre grand peuple auquel les destinées de la France sont d'un intérêt sincère et éternel.

Je lève mon verre à la santé du Président de la République et de Mme Poincaré, et à la prospérité de la France.

LIV

Discours du Président Wilson à l'Hôtel-de-Ville de Paris, en réponse au discours de M. Adrien Mithouard, président du Conseil municipal, le lundi 16 décembre 1918.

Monsieur le président,

Votre accueil a soulevé en moi bien des émotions. Ce n'est pas, certes, avec des sentiments de banale sympathie que le peuple des États-Unis, au nom de qui j'ai le privilège de parler, a vu les souffrances du peuple de France. Nombre de gens, parmi notre propre peuple, ont été, eux-mêmes, témoins de ces souffrances. Nous avons été d'autant plus profondément émus par l'injustice de cette guerre que nous savions de quelle manière elle était perpétrée. Je ne voudrais pas que vous pussiez penser, parce que l'étendue d'un immense océan nous sépare, que nous n'avons pas pu nous rendre compte effectivement de la dévastation abominable de votre pays, des souffrances cruelles qui vous ont été infligées et que ne saurait justifier aucune nécessité. Ces souffrances ont rempli nos cœurs d'indignation. Nous savons non seulement ce qu'elles ont été, mais encore ce qu'elles signifiaient ; nos cœurs ont été touchés au vif et notre imagination emplie de la vision de ce que la France et la Belgique ont subi en particulier.

Quand les États-Unis sont entrés dans la guerre, ce ne fut donc pas seulement parce qu'ils étaient convaincus que le but des empires centraux était injuste et que tous les hommes qui aimaient la liberté et le droit devaient s'y opposer ; ce fut aussi parce que les ambitions illicites que nourrissaient les empires centraux et qu'ils s'efforçaient de réaliser les avaient conduits à des pratiques qui choquaient nos cœurs autant qu'elles offensaient nos principes.

Notre résolution a été prise, parce que nous savions combien profondément les grands principes du droit étaient atteints ; mais nos cœurs aussi se sont émus, d'accord avec notre résolution.

Vous avez été extrêmement généreux pour moi, dans tout ce que vous avez eu la gracieuseté de me dire, généreux au delà de ce que valent mes mérites personnels ; mais vous avez interprété, avec une rare vérité, les motifs de la résolution du peuple des États-Unis. C'est de lui que je tiens toute l'influence que j'exerce, toute l'autorité qui peut appuyer mes paroles. Je sais ce qu'il a pensé, je sais ce qu'il a désiré et lorsque j'ai exprimé ce que je savais être dans son esprit, cela a été délicieux pour moi de voir avec quelle unanimité, les consciences de ces hommes libres se répondaient de partout ; nous avons simplement établi notre droit de nous associer en intime union avec les peuples qui, de par le monde, révèrent le droit et poursuivent inflexiblement le règne de la liberté et de la justice.

Vous avez fait que je me sens réellement chez moi ici, non pas seulement à cause de la chaleur si charmante de votre accueil, mais aussi de la façon dont vous m'avez fait réaliser si complètement l'intime communauté de pensée et d'idéal qui caractérise votre peuple et la grande nation que j'ai l'honneur de représenter actuellement. Votre accueil, l'accueil de Paris, je me les rappellerai toujours comme un souvenir vraiment unique de ma vie, et bien que je sente que c'est le peuple des États-Unis que vous honorez en ma personne, j'emporterai, néanmoins, avec moi, une très vive et personnelle gratitude de ces jours mémorables.

Permettez-moi de vous remercier du fond du cœur.

LV

Discours prononcé par le Président Wilson à la
Sorbonne le samedi 21 décembre 1918 au cours de
la cérémonie où lui fut conféré le titre de
Docteur *honoris causa* par l'Université de Paris.

Monsieur le président,
Monsieur le recteur,

Je suis extrêmement sensible à l'insigne distinction
qui m'a été conférée par la grande Université de Paris,
et il est également très flatteur pour moi d'avoir
l'honneur d'être admis dans la grande société de
savants dont la vie et la renommée ont fait de l'histoire de l'Université un objet d'admiration pour tous
les hommes cultivés de l'univers entier.

D'après ce que vous avez dit, messieurs, des principes d'éducation que vous avez appliqués en France
et que j'ai essayé de développer aux États-Unis,
j'éprouve la tentation de me lancer sur un thème
qui m'est cher. J'ai toujours pensé, messieurs, que
le but principal de l'éducation était d'éveiller l'esprit,
et puisque la littérature, lorsqu'elle atteint ses cimes
les plus nobles et les plus hautes, est l'expression

de l'âme de l'humanité, que la meilleure directive
pour l'éducation était de sentir les pulsations de
l'humanité battant d'âge en âge à travers les paroles
des hommes qui ont pénétré les secrets de l'âme
humaine.

Et je suis d'accord avec cette opinion qui a été
suggérée aujourd'hui que la terrible guerre que nous
venons de traverser n'a pas été seulement une guerre
entre les nations, mais aussi une guerre entre deux
systèmes de culture : l'un, le système d'agression,
se servant de la science, sans conscience, enlevant au
savoir toute sa contrainte morale, et se servant de
toutes les facultés de l'intelligence de l'homme pour
accabler de mal l'humanité ; l'autre, le système rappelant les plus hautes traditions humaines, rappelant
toutes ses luttes, les unes restées dans l'obscurité et
les autres remises en clarté devant l'historien, luttes
des hommes d'un indomptable courage bataillant
partout pour atteindre le droit et aspirant par-dessus
toute chose à la liberté.

Dans cette guerre le triomphe de la liberté signifie
que les âmes de cette trempe maintenant dominent
le monde. C'est un puissant souffle de force morale
qui passe à travers l'univers, et tout homme qui
veut résister à ce courant sera honteusement renversé.
La tâche de ceux qui se rassemblent, ou qui vont se
rassembler bientôt, pour conclure les arrangements
de cette paix, se trouve singulièrement simplifiée par
ce fait qu'ils ne sont les maîtres de personne ; ils
sont les serviteurs de l'humanité, et si nous ne prê-
tons pas l'oreille aux injonctions de l'humanité, nous

subirons la plus éclatante et la plus méritée des faillites morales de l'histoire du monde.

Ma conception de la Ligue des nations est simplement celle-ci : qu'elle doit opérer comme la force morale organisée des hommes par tout le monde, et que, où que ce soit, et à quelle heure que ce soit, qu'un tort ou une agression soient préparés ou envisagés, cette lumière pénétrante de la conscience se concentre sur ces projets, et que les hommes partout demandent : « Quelles intentions nourrissez-vous dans votre cœur contre la destinée du monde ? » Il suffit de si peu de clarté pour résoudre la plupart des questions ! Si les puissances centrales avaient osé porter à la discussion pendant simplement une quinzaine de jours les buts de cette guerre, elle n'aurait jamais éclaté, et si, comme il le devrait être, elles avaient été forcées de les discuter pendant une année, alors la guerre aurait été une chose inconcevable.

Or, je sens que cette guerre, comme on l'a dit plus d'une fois aujourd'hui, est intimement liée à l'esprit de l'Université.

L'esprit de l'Université est hostile à tout ce qui impose une contrainte à l'intelligence humaine. Il est hostile à tout ce qui cherche à retarder le triomphe des idéaux, l'acceptation de la vérité, la purification de la vie ; et chaque universitaire peut s'allier avec les forces des temps actuels, rempli de la certitude que maintenant, enfin, l'esprit de vérité, l'esprit auquel les universités se sont consacrées a prévalu et connaît la victoire.

S'il est une pointe d'orgueil que je me permets de ressentir, c'est qu'il a été en quelque mesure mon privilège d'interpréter l'esprit universitaire dans la vie publique d'une grande nation, et je sens qu'en m'honorant aujourd'hui, d'une façon inusitée et si pleinement, vous avez, avant tout, honoré la nation que je représente. L'esprit que j'essaye d'interpréter est, je le sais, son esprit, et dans la mesure où je le sers, j'ai la conviction que je fais avancer la cause de la liberté.

Je désire donc vous remercier, messieurs, du fond de mon cœur pour une distinction qui a, d'une manière toute spéciale, couronné ma carrière académique (¹).

(¹) Nous empruntons cette traduction au *Temps* du 23 décembre 1918. Nous n'avons trouvé le texte complet dans aucun journal de langue anglaise, mais nous avons entendu prononcer ce discours et nos souvenirs nous permettent d'affirmer que cette traduction est fidèle.

LVI

Toast du Président Wilson répondant au toast du
roi d'Angleterre Georges V. — Londres, 25 décembre 1918 (¹).

Sire,

Je suis profondément flatté des gracieuses paroles
que vous venez de prononcer. L'accueil que vous
m'avez accordé, ainsi qu'à Mme Wilson, a été si

(¹) Voici le texte du toast du roi Georges V :

L'heure présente est historique ; votre visite marque une date historique. Près de cent cinquante années se sont écoulées depuis le jour où
votre République est entrée dans sa vie d'indépendance, et aujourd'hui,
pour la première fois, un Président des États-Unis est notre hôte, en
Grande-Bretagne.

Nous vous souhaitons la bienvenue sur cette terre d'où sont venus vos
ancêtres et où se trouvent les foyers de ceux qui ont compté Washington
et Lincoln parmi leurs descendants.

Notre bienvenue s'adresse à vous-même, à l'homme dont la clairvoyance, le calme et la dignité dans l'accomplissement de ses hautes fonctions nous ont inspiré une constante admiration.

Nous voyons en vous l'heureuse union des talents du lettré et de ceux
de l'homme d'État. Vous êtes sorti du calme de la vie studieuse des universités pour vous lancer en plein courant des ardeurs de la vie publique,
et dans les discours que vous avez prononcés, une grande hauteur de vues,
une exacte compréhension des vastes problèmes qui s'imposent à l'humanité

chaud, si naturel, si franchement cordial, qu'il nous
a fait plus que du plaisir : il nous a émus, et je crois
interpréter correctement cet accueil comme représentant non seulement votre pensée généreuse, à notre

---

s'unissent à la maîtrise d'une noble éloquence qui rappelle celle de vos
grands orateurs du passé, celle de nos grands orateurs britanniques.

Vous venez parmi nous en qualité de chef et de porte-parole officiel
d'un puissant État qui se rattache à nous par les plus étroits des liens. Le
peuple de cette grande République parle la langue de Shakespeare et de
Milton. Notre littérature est la vôtre, de même que votre littérature est la
nôtre, et les gens lettrés de nos deux pays coopèrent au maintien de son
incomparable gloire.

A vous non moins qu'à nous appartiennent les grands souvenirs de nos
héros nationaux, depuis le roi Alfred jusqu'à Philip Sydney, Drake, Ra-
leigh, Blake et Hampden jusqu'aux jours où a commencé à poindre dans
l'Amérique du Nord la vie politique héritée des ancêtres anglais. Vous
communiez avec nous dans les traditions de liberté, de *self-government*,
aussi vieilles que la Grande Charte.

Nous voyons dans les idéaux communs chers à nos deux peuples un lien
d'une portée beaucoup plus grande encore. Au premier rang de ces idéaux,
vous mettez et nous mettons la liberté et la paix. Nous avons été les prota-
gonistes et les modèles dans notre vie nationale de l'application des principes du gouvernement populaire autonome, fondé sur l'égalité devant les
lois, et ce privilège impose à nos deux pays l'obligation de rechercher
comment appliquer ces principes, hors de nos propres frontières, pour le
bien de l'humanité.

Ce furent l'amour de la liberté, le respect des lois, de la bonne foi et
des droits sacrés de l'humanité qui vous ont fait rejoindre l'ancien continent, pour le sauver des dangers qui s'accumulaient autour de lui et ont
fait accourir vos citoyens soldats, dont nous avons admiré la vaillance
dans la bataille aux côtés des nôtres.

Et maintenant, vous venez aider à rebâtir les nouveaux États sur les
ruines de ceux que la guerre a bouleversés, en élaborant la base solide
d'un nouvel édifice, qui sera stable parce qu'il reposera sur le libre consentement des nationalités émancipées.

Vous avez éloquemment exprimé l'espoir du peuple américain, espoir
qui est également le nôtre, celui d'élaborer quelque projet afin de parvenir au but pour lequel vous avez tant fait et grâce auquel les risques
d'une guerre future puissent autant que possible être écartés, enlevant
ainsi aux nations le fardeau écrasant dont elles s'étaient chargées, par
crainte d'un conflit.

La nation britannique souhaite le plus grand succès aux délibérations

égard, mais encore comme exprimant, en votre nom et au nom de la grande nation à laquelle vous présidez, les mêmes sentiments pour mon peuple, pour le peuple des États-Unis. Car vous, Sire, et moi, — moi temporairement, — nous représentons l'esprit de deux grandes nations, et toute la force, toute l'autorité que je possède, je les retiens seulement dans la mesure où j'exprime l'esprit et le but du peuple américain.

L'influence que le peuple américain peut avoir sur les affaires du monde est mesurée par sa sympathie pour les aspirations des hommes libres de partout.

L'Amérique aime la liberté ; je crois quelle aime la liberté d'une façon désintéressée, et si elle ne l'aimait pas ainsi, elle ne soutiendrait pas, elle ne pourrait pas soutenir l'influence à laquelle elle aspire.

Sire, j'ai eu le privilège de conférer avec les dirigeants de votre propre gouvernement et avec les porte-parole des gouvernements de France et d'Italie. Je suis heureux de dire que j'ai les conceptions qu'ils ont eux-mêmes de la signification et de la portée du

---

que vous, nous et les grandes nations libres qui nous sont alliées vont maintenant entreprendre, tous unis par les mêmes dispositions de désintéressement et par un sentiment du devoir qui ne le cèdent en rien au pouvoir dont nous avons été solennellement constitués les dépositaires.

Les peuples américain et britannique ont été frères d'armes et leurs armes ont été couronnées des lauriers de la victoire.

De tout notre cœur, nous remercions vos vaillants soldats et marins pour la part splendide qu'ils ont prise dans cette victoire. Nous remercions de même le peuple américain pour la noble réponse qu'il a faite à l'appel de la civilisation et de l'humanité. Puisse l'esprit de fraternité qui inspire et dirige nos communs efforts assurer au monde les bienfaits de la liberté dans l'ordre et d'une paix durable.

devoir pour lequel nous nous sommes réunis. Nous avons employé de grands mots : droit, justice. Et maintenant, nous avons à démontrer si, oui ou non, nous reconnaissons la validité de ces mots et comment ils devront être appliqués aux règlements particuliers qui couronneront cette guerre. Et nous devons non seulement comprendre mais encore avoir le courage d'agir conformément à notre conception.

Cependant, après m'être servi du mot « courage », il me vient à l'esprit qu'il faut plus de courage pour résister à la grande marée morale qui monte actuellement dans le monde, que pour s'y soumettre et y obéir. Il y a un grand courant dans le cœur des hommes. Les cœurs des hommes n'ont jamais battu à l'unisson d'une façon aussi remarquable.

Jamais, auparavant, les hommes n'ont été aussi conscients de leur fraternité. Jamais, auparavant, peut-être, n'ont-ils réellement compris combien petite était la différence entre les mots « droit et justice » sous une latitude ou sous une autre, sous une souveraineté ou sous une autre. Et ce sera, je crois, Sire, notre haut privilège non seulement d'appliquer le jugement moral du monde aux règlements particuliers que nous allons entreprendre, mais encore d'organiser la force morale du monde afin de protéger ces règlements, de stabiliser les forces de l'humanité et de faire du droit et de la justice auxquels les grandes nations comme les nôtres se sont dévouées le facteur essentiel et dominant dans les affaires humaines.

Il y a un certain encouragement dans le fait de savoir que c'est là la mission dont nous sommes chargés. Rien de moins que cela ne m'aurait autorisé à quitter les importants devoirs dont je suis chargé de l'autre côté de la mer, rien que la conviction qu'il n'est pas d'œuvre comparable à celle-là pour l'importance et la dignité. Il m'est par conséquent d'autant plus agréable de me trouver dans la société d'hommes unis dans un même idéal et dans un même but et d'avoir le privilège d'unir ma pensée à la vôtre en portant en avant ces étendards que nous sommes si fiers de tenir haut et de défendre.

Permettez-moi, Sire, dans un sentiment de sincérité, d'amitié et de sympathie profondes, de boire à votre santé, à la santé de la Reine, ainsi qu'à la prospérité de la Grande-Bretagne.

LVII

Discours du Président Wilson en réponse au discours
du Lord-maire de Londres. — 28 décembre 1918.

Monsieur le lord-maire,

Nous avons atteint des temps où des cérémonies
comme la présente ont une nouvelle signification, et
c'est cette signification qui me pénètre particulièrement ici, devant vous. L'adresse que je viens d'écouter
est conçue dans des termes fort généreux et gracieux,
et son charmant accent de sincérité m'apparaît comme
une expression de l'opinion qui se manifeste maintenant partout.

Je sens que cette réception m'a conféré un insigne
honneur, et je vous exprime à vous, Monsieur le
Lord-Maire, et à vos collègues, ma profonde reconnaissance. Cependant, je sais que je ne forme qu'une
partie de ce que je pourrais appeler un vaste ensemble de circonstances. Je ne crois pas avoir été
trompé par mon imagination en entendant dans

les cris de bienvenue lancés dans les rues de cette grande cité, de même que dans les rues de Paris, quelque chose de plus qu'un salut personnel.

Il me semblait entendre la voix d'un peuple parlant à un autre peuple, et c'était une voix dans laquelle on pouvait distinguer un remarquable ensemble d'émotions.

Il y avait là sûrement une profonde satisfaction que la bataille fût terminée, de la fierté à l'idée que la guerre s'achevait par un tel triomphe. On se félicitait que les nations engagées dans la lutte aient produit des hommes comme les soldats de la Grande-Bretagne et des États-Unis, de la France et de l'Italie, des hommes dont on avait suivi les prouesses et les hauts faits avec une admiration croissante au fur et à mesure qu'ils avançaient de victoire en victoire. Mais il y avait quelque chose de plus : c'était la conscience que tout n'était pas encore terminé, la conscience que d'autres avaient le devoir de veiller à ce que ces vies n'aient pas été sacrifiées en vain.

Je n'ai pas encore visité les véritables champs de bataille, mais j'ai rencontré bien des hommes qui ont combattu, et il y a quelques jours, j'ai eu le plaisir d'assister à une séance de l'Académie française, quand le maréchal Joffre fut admis parmi ses membres. Ce soldat hardi et calme prononça non pas des paroles de triomphe, mais de simples paroles d'affection pour ses hommes ; et la conviction qu'il résuma dans une phrase que je ne veux pas essayer de citer textuellement, mais dont je reproduis le sens, était que la France devrait toujours se souvenir que les petits et les faibles ne sauraient vivre librement dans ce monde que si les grands et les puissants mettaient toujours leur pouvoir et leur force au service du droit(¹).

Voilà la pensée profonde, la pensée qu'il faut agir tout de suite, non seulement pour faire de justes règlements, — cela va sans dire, — mais pour veiller à ce que ces règlements persistent et soient observés, et que l'honneur et la justice régnent dans le monde.

Dans mes entretiens avec les soldats, j'ai acquis de plus en plus la conviction qu'ils se sont battus pour quelque chose que tous ne pouvaient définir, mais que tous reconnaissaient immédiatement dès que vous leur en parliez. Ils se sont battus pour en finir avec un vieil ordre de choses et pour en créer un nouveau, et ce qui caractérisait essentiellement cet ordre ancien c'était cette chose instable que nous appelons communément « l'équilibre des pouvoirs » : institution dans laquelle l'équilibre était régi par l'épée jetée dans la balance ; équilibre fragile entre des intérêts rivaux ; équilibre maintenu par une jalouse surveillance et un antagonisme qui, tout en étant généralement latent, restait toujours profondément

---

(¹) Voici le passage du discours du Maréchal Joffre auquel le Président Wilson fait allusion : « Que le peuple de France garde dans la victoire ce ferme attachement aux idées de liberté et de justice qui ont fait sa force dans la guerre ! Qu'il conserve ce bel équilibre moral qui l'a préservé de la chute aux heures les plus dangereuses ! Qu'il n'oublie jamais que les faibles et les petits ne sauraient vivre libres dans le monde, si les forts et les grands ne sont pas toujours prêts à mettre leur force et leur puissance au service du droit ! »

PRÉSIDENT WILSON.   24

enraciné. Les hommes qui ont combattu dans cette guerre sont des hommes appartenant à des nations libres, et bien déterminés à ce que cet état de choses cesse immédiatement et à tout jamais.

J'ai trouvé un grand intérêt à observer comment, de tous les côtés, de tous les genres d'intelligence, de tous les conseils, émane la suggestion que dorénavant il devrait y avoir non pas un équilibre des pouvoirs, non pas un groupement puissant des nations en opposition à une autre, mais une seule, puissante, prédominante Ligue des nations qui sera la gardienne de la paix mondiale.

Dans mes conférences avec les dirigeants de votre Gouvernement, il m'a été très agréable de constater combien nos idées suivaient la même direction, et comment notre pensée était toujours celle-ci : que la clef de la paix résidait dans la garantie de la paix, et non dans les dispositions de détail ; que ces détails n'auraient aucune valeur si derrière eux ne se trouvait un concert permanent de puissances pour les maintenir.

Voilà l'événement le plus rassurant qui se soit jamais produit dans le monde. Au début de cette guerre, l'idée d'une Ligue des nations était considérée avec une certaine indulgence comme une idée intéressante de savants renfermés dans leurs cabinets de travail. On en parlait comme une de ces choses qu'on devait caractériser d'un nom qui a toujours irrité l'universitaire que je suis. On l'appelait académique, comme si c'était là une condamnation, on la désignait comme une chose à quoi on peut toujours penser mais qu'on ne peut jamais atteindre.

Et maintenant nous trouvons les esprits dirigeants et essentiellement pratiques, déterminés à l'atteindre. Jamais auparavant le monde n'a été témoin d'une pareille union d'intention aussi soudaine que puissante.

Vous étonnez-vous, dans ces conditions, Messieurs, que d'accord avec ceux qui vous représentent, je brûle du désir de me mettre au travail, et de transcrire sur le papier ces idées, et que je sois particulièrement heureux de voir le terrain déblayé et les fondations jetées? Car nous avons déjà accepté le même ensemble de principes. Ces principes ont déjà été expliqués avec une clarté et une précision suffisantes pour que leur réalisation ne doive plus rencontrer de difficultés irréductibles.

Ce qui nous soutient, c'est l'impérieux désir du monde entier de voir toutes les questions troublantes apaisées, de réduire au silence toutes les menaces contre la paix, d'organiser partout la réunion des hommes justes dans un but commun. Les peuples du monde veulent la paix, et la veulent maintenant, non seulement par la conquête des armes, mais par une entente des esprits.

C'est dans ce but incomparablement grand que j'ai traversé l'Océan. Il n'a jamais paru excusable, auparavant, à un Président des États-Unis de quitter le territoire des États-Unis, mais je suis sûr d'être soutenu par l'opinion de mes collègues dans le Gouvernement des États-Unis quand je dis qu'il était de mon premier devoir de quitter même la tâche la plus impérieuse chez nous, pour coopérer de mes conseils et de mon aide, dans la mesure de mes moyens à cette grande et — laissez-moi dire — ultime entreprise de l'humanité.

LVIII

Discours prononcé a Manchester, au cours de la cérémonie où le droit de cité fut offert au Président Wilson par le Lord-Maire de cette ville (¹). 30 décembre 1918.

Après *avoir remercié ses « concitoyens » de l'honneur qu'ils lui faisaient en lui accordant le droit de cité dans la ville de Manchester, le Président a voulu affirmer de nouveau sa foi en la nécessité d'une Ligue des nations et d'une nouvelle politique internationale :*

... L'intérêt ne peut lier les hommes entre eux, il les divise plutôt. Dès que l'harmonie des intérêts n'est plus absolument parfaite, les rivalités commencent à se faire jour. Il n'y a qu'une seule chose qui puisse lier les peuples, c'est l'attachement commun au droit. Depuis la première heure de l'histoire de la liberté, les hommes ont parlé de leurs droits, mais il a fallu plusieurs siècles pour qu'ils se rendissent compte que la condition première du droit est le

____

(¹) Nous traduisons le texte du *Times* de Londres, 31 décembre 1918.

devoir et qu'un homme doit d'abord accomplir tout son devoir pour être autorisé à revendiquer son droit. C'est l'étroite connexion de ces deux notions qui assure l'équilibre social et c'est à elle qu'il faut penser comme au principe le plus propre à nous guider quand nous réfléchissons sur la situation présente et sur l'avenir que nous avons dès aujourd'hui à préparer et à orienter.

Vous savez que, durant tout le cours de leur histoire, les États-Unis ont toujours estimé qu'ils devaient demeurer entièrement à l'écart de la politique européenne et aujourd'hui même, je désire vous le dire bien franchement, ils ne s'intéressent pas à cette politique. Mais ils s'intéressent à une association fondée pour la défense du droit qui unirait l'Amérique et l'Europe. Si l'avenir ne nous réservait qu'une nouvelle tentative pour stabiliser le monde grâce à un équilibre de puissances, les États-Unis ne s'y intéresseraient pas, parce qu'ils n'adhèreront à aucune combinaison de puissances qui ne serait pas une combinaison de toutes les puissances [1]. Ils ne s'intéressent pas seulement à la paix européenne, ils s'intéressent à la paix du monde. Et c'est pourquoi le règlement dont nous aurons demain à nous occuper est une tâche plus délicate et plus ardue que tout ce qui a été réalisé jusqu'ici ; il faut obtenir une

---

[1] Littéralement : « une combinaison de nous tous, of all of us ». La pensée du Président n'est pas douteuse. « Nous » ne peut signifier ici ni « l'Amérique et l'Angleterre », ni « tous les peuples de l'Entente ». Il signifie : « tous, autant que nous sommes », donc « tout le genre humain civilisé ».

véritable harmonie des conceptions et des intentions.
Si difficile cependant que soit le problème, il y a
dans le présent un élément qui facilite la solution.

Jamais cependant dans l'histoire du monde, j'en
suis convaincu, on n'a vu pareil éveil de la conscience
internationale. Partout les hommes se rendent compte
des calamités engendrées par les antagonismes
nationaux ; ils comprennent que l'intérêt de chacun
est l'intérêt de tous et que le souci de l'humanité est
la raison d'être des gouvernements et de la politique
internationale. A cette heure de par le monde reten-
tit la grande voix de l'humanité et vraiment sourd
est celui qui ne veut pas l'entendre. La conscience
sociale exerce maintenant une force redoutable et
l'homme d'État qui tentera de lui résister acquerra
dans l'histoire une notoriété peu enviable. Nous
n'obéissons ni aux mandats des partis ni aux programmes politiques particuliers, nous obéissons au
mandat de l'humanité et c'est pourquoi j'ai souvent
le sentiment que les questions qui occupent le plus
nos esprits sont au fond les moins essentielles.

Je n'espère pas que chacun des articles du règlement que nous allons élaborer sera de tout point
satisfaisant. Il suffit de réfléchir à un problème
comme celui des frontières, ou celui des changements
de souveraineté, ou celui des aspirations de races,
pour être certain qu'il n'y a pas un homme, pas un
groupe d'hommes sachant au juste comment ces
questions devraient être résolues. Cependant, puisque nous sommes condamnés à élaborer des règlements imparfaits, nous devons songer au moyen de

les rendre progressivement plus satisfaisants grâce à des modifications ultérieures dont il faut préparer la possibilité. Il faut donc instituer la procédure qui permettra ces perfectionnements, l'instrument du bon accord et de l'amitié.

Il faut à l'amitié un instrument. Si je ne puis correspondre avec vous, apprendre à vous connaître, collaborer avec vous, comment serais-je votre ami? Si le monde doit être désormais une société d'amis, donnez-lui les moyens de créer cette amitié, les moyens d'entretenir de constantes relations amicales, de travailler en vue de l'intérêt commun, n'exigez pas qu'il soit besoin d'un grand effort, d'une occasion extraordinaire, pour que les peuples confèrent les uns avec les autres, donnez-leur un procédé simple et permanent pour faciliter ces conférences, afin qu'on puisse s'occuper d'un différend quand il est encore minime, sans lui laisser le temps de s'aggraver. Toutes les fois que j'ai été en désaccord profond avec quelqu'un et que j'ai pu m'expliquer directement avec lui, j'ai toujours constaté que le désaccord devenait minime, que nous arrivions à nous entendre, pourvu que la sincérité existât des deux côtés et qu'on n'écoutât pas trop ce redoutable ennemi de l'humanité qu'on appelle l'orgueil. Le seul désir de s'entendre est plus de la moitié du succès. C'est là une doctrine que vous êtes spécialement bien placés pour comprendre, vous qui habitez une grande ville commerciale comme celle-ci. Vous ne pouvez commercer avec des gens qui se défient de vous. Vous ne sauriez instituer des relations commerciales ou industrielles avec des gens dont vous n'avez pas la confiance. La bienveillance mutuelle ouvre les voies au commerce, le fait naître et d'autre part le commerce est le principal facteur qui dans le monde crée de l'amitié.

... Je souhaiterais qu'il nous fût donné d'accomplir quelque chose du genre de ce qu'accomplirent jadis mes ancêtres énergiques(¹), parmi lesquels étaient plusieurs de ces personnages très décidés que nous appelons les « Covenantaires ». Je souhaiterais que non seulement la Grande-Bretagne et les États-Unis, mais aussi la France, l'Italie et le monde entier, que tous nous pussions former une vaste ligue, un « covenant » par lequel nous nous déclarerions avant tout les amis du genre humain et nous nous unirions tous ensemble pour le maintien et le triomphe du droit(²).

(¹) Le Président Wilson appartient à une famille presbytérienne. Le Covenant est une convention qui fut conclue en Écosse entre toutes les classes pour défendre le presbytérianisme national contre l'anglicanisme et le papisme. Il fut signé en 1588 et renouvelé en 1637.

(²) Il est intéressant de comparer le précédent discours du Président Wilson à Manchester avec le discours prononcé la veille à la Chambre française par M. Clemenceau. Voici les passages de ce dernier discours qui permettraient cette comparaison :

« La France se trouve en ce moment dans une situation particulièrement difficile. Quelques-uns de vos orateurs l'ont reconnu. C'est le pays le plus près de l'Allemagne ; l'Amérique est loin. Elle a mis du temps à venir.

« L'Angleterre est arrivée tout de suite, à la voix de M. Asquith, je tiens particulièrement à le dire aujourd'hui. Mais il lui a fallu faire un prodigieux effort. Et pendant ce temps, nous avons peiné, nous avons souffert, nous avons combattu, nos hommes ont été fauchés, nos villes et nos villages ont été dévastés. Tout le monde a dit avec raison : il ne faut pas que cela puisse recommencer. Je le crois bien ; mais comment ?

« Il y avait un vieux système, qui paraît condamné aujourd'hui et auquel je ne crains pas de dire que je reste en partie fidèle en ce moment : les pays organisaient leur défense. C'est très prosaïque. Ils tâchaient d'avoir de bonnes frontières ; ils s'armaient. C'était un terrible fardeau pour les populations tout entières... Je disais qu'il y avait cette vieille méthode des frontières solides et bien défendues, des armements et de ce qu'on appelait l'équilibre des puissances, ce système aujourd'hui paraît condamné par quelques très hautes autorités. Je ferai cependant observer que si l'équilibre, qui s'est spontanément produit pendant la guerre, avait existé auparavant, si par exemple l'Angleterre, l'Amérique, la France et l'Italie étaient tombées d'accord pour dire que quiconque attaquait l'une d'entre elles attaquait tout le monde, la guerre n'aurait pas eu lieu...

« Il y avait donc ce système des alliances, auquel je ne renonce pas, je vous le dis tout net, et ma pensée directrice, en allant à la conférence, si votre confiance maintenant me permet d'y aller, c'est qu'il ne doit rien arriver qui puisse séparer dans l'après-guerre les quatre puissances qui étaient réunies dans la guerre.....

« Quand je parle de garanties internationales sur lesquelles la lumière n'est pas encore faite et qui seront peut-être plus difficiles à établir dans la réalité que dans les discours ou les écrits, il m'est permis de dire que si on laisse à la France le soin d'établir sa propre défense, car elle ne veut plus, elle d'abord, revoir les invasions, j'accepte pour ma part avec joie toute addition de garanties supplémentaires qui nous sera fournie. Je vais même plus loin. S'il est établi que ces garanties supplémentaires sont telles que nous puissions faire des sacrifices de préparation militaire, en ce qui me concerne, je les ferai avec plaisir, car je ne tiens pas à imposer à mon pays des charges inutiles. Seulement je prie qu'on veuille bien réfléchir.

« On vient nous dire : Vous allez faire une paix de justice, et si vous la faites, tout deviendra facile, — vous avez entendu maints couplets à cet égard. — Je prie qu'on réfléchisse à la situation actuelle de la carte du monde. Ce n'est pas un tribunal suprême du ciel ou des enfers qui a déterminé les limites de chaque État. Minos, Éaque et Rhadamante sont tout à fait étrangers à cette distribution. La vérité est que, depuis les temps les plus reculés de l'Histoire, les peuples se sont éternellement rués les uns sur les autres pour la satisfaction de leurs appétits et de leurs intérêts égoïstes. Ce n'est pas moi qui ai fait cette histoire, pas plus que vous. Elle est. Dans ma jeunesse encore, dans les lycées, où je n'étais pas toujours un très bon élève, comme quelques-uns d'entre vous sans doute, on ne m'apprenait en fait d'histoire, qu'une série de batailles. Puis, quand on m'avait appris cela, on me disait : « Vous savez l'histoire de France ! » Et je ne soupçonnais pas ce que c'était que l'histoire de France. Il a fallu que je sortisse des écoles pour l'apprendre, pour la connaître et pour la juger.

« Eh bien ! messieurs, c'est la situation aujourd'hui. Cela ne vous est pas attribuable pas plus qu'à moi. Tout ce passé des peuples, avec les hasards des guerres et des victoires, des conquérants, des faiblesses, des déchéances de quelques races, a amené, par un concours de batailles effroyables, qu'on ne pourrait pas dénombrer, des régions limitées suivant que la poussée a été plus ou moins forte dans certains endroits ou dans certains autres.

« Vous me dites tout d'un coup : « Nous allons faire la justice internationale ». Quand on annonce qu'on va faire la justice et quand des peuples envoient des délégués en conférence pour faire cette justice, les clients ne manquent pas pour demander que justice leur soit faite d'abord. Il faut donc nous attendre à ce que toutes les questions qui ont pu léser les intérêts des peuples à ce jour vont être soulevées à la conférence. Les grands et les petits peuples se présenteront.

« Messieurs, nous sommes des gens qui, grâce au concours des soldats et des chefs, qu'il ne faut pas oublier, avons remporté une victoire énorme et notre devoir à tous ici, ainsi que le devoir de nos alliés, est que cette victoire produise les conséquences morales les plus favorables au bien-être de l'humanité.

« S'il y a un sacrifice particulier à faire, qui pourrait paraître préjudiciable à mon pays, pour obtenir un résultat général meilleur qui soit en même temps un affermissement des conditions de défense de la France, je suis capable de faire ce sacrifice, mais je ne suis pas capable de le faire tout seul. Tous ces préliminaires de conférence viendront à cette tribune ; vous les jugerez ; c'est vous qui voterez les préliminaires de la paix.....

, « M. Wilson m'a fait l'honneur de venir me voir. Je m'étais posé pour principe de ne pas l'interroger, mais de le laisser parler afin qu'il eût son entière liberté de pensée. C'est ce qu'il a fait dans les deux ou trois conférences que j'ai eues avec lui, il a bien voulu m'expliquer ses vues et me dire par quels arguments il croyait devoir soutenir ses vues, comment il se proposait de les appuyer.

« Je mentirais si je disais que je me suis mis aussitôt d'accord avec lui sur tous les points. L'Amérique est très loin des frontières de l'Allemagne, comme je le disais tout à l'heure, j'ai peut-être des préoccupations, — je ne dis pas qui lui sont étrangères, il ne serait pas juste d'employer ce mot, — mais qui ne le touchent pas aussi vivement qu'elles touchent l'homme qui a vu son pays dévasté pendant quatre ans par un ennemi qui était à quelques jours de Paris..... Les conversations ont commencé. Je ne puis pas vous dire à quoi elles aboutiront. M. le président Wilson, à qui certaines personnes dans un intérêt de parti prêtent des desseins qui ne sont peut-être pas les siens, est un esprit large, ouvert et haut. C'est un homme qui inspire le respect par la simplicité de sa parole et par la noble candeur de son esprit. M. le président Wilson m'a dit : « J'essaie-« rai de vous convaincre. Peut-être est-ce vous qui me convaincrez ». Rien ne peut nous disposer plus favorablement à entamer une conversation sur les plus hauts sujets qui intéressent l'esprit humain.

Vous savez qu'une réserve a été faite sur la question de la liberté des mers. Je vous ferai volontiers une confidence. M. Wilson m'a entretenu de cette question et je lui ai dit : « La solution en est difficile ». Je lui ai confié une courte conversation que j'ai eue avec M. Lloyd George. M. Lloyd George m'a dit un jour : « Reconnaissez-vous que sans la flotte « britannique, vous n'auriez pas pu continuer la guerre ? » J'ai dit : « Oui ». M. Lloyd George a repris : « Seriez-vous disposé à faire quelque chose pour me mettre, le cas échéant, dans l'impossibilité de recommencer ? » J'ai répondu : « Non ». Vous n'auriez pas compris que je ne dise pas franchement au président Wilson : « Je ne serai pas ingrat envers la Grande-Bretagne. Sans elle, je sais ce qui serait arrivé à la France ». C'est notre honneur de penser ainsi. Et M. le président Wilson m'a répondu : « J'approuve ce que vous avez dit. Ce que j'ai à offrir aux gouvernements « alliés ne sera pas de nature à changer la question ni la réponse. Chacun « conservera sa liberté ». Je n'ai pas demandé davantage ce jour-là et je me suis incliné. Je l'ai quitté content.

« Voilà comment peu à peu, dans des conversations générales où, pour ma part, j'ai voulu que M. Wilson se donnât toute liberté de m'interroger, sans que la réciprocité fût vraie, se sont déroulés les premiers entretiens qui vont nous conduire à des discussions laborieuses et redoutables par leurs conséquences.

« Je dis « redoutables » parce que si nous n'aboutissons pas à un accord, notre victoire sera vaine et les épouvantables désastres que nous avons connus auraient tôt ou tard un recommencement. »

[Nous empruntons le texte ci-dessus au *Journal officiel*, Chambre des Députés, 2ᵉ séance du 29 décembre 1918. Nous nous bornons à supprimer quelques interruptions.]

LIX

Discours prononcé par le Président Wilson a la séance extraordinaire du Parlement italien, a Rome, le 3 janvier 1919(¹).

Sire,

Monsieur le président de la Chambre,

Monsieur le président du Sénat,

Vous me faites un honneur sans précédent et que j'accepte, car j'ai le sentiment qu'il s'adresse à moi comme représentant du grand peuple au nom duquel je parle, et je saisis cette première occasion pour vous exprimer combien le cœur du peuple américain entier a été en communion avec le grand peuple d'Italie.

A nous considérer de loin, on eût pu croire à certains moments que nous étions indifférents les uns aux autres. Pourtant nos cœurs ont toujours été rapprochés. Toute sorte de liens unissaient déjà le peuple des États-Unis au peuple italien. Mais quand l'Amérique a connu vos souffrances, vos sacrifices, votre héroïsme sur le champ de bataille, votre héroïsme à l'intérieur du pays, elle s'est sentie pro-

____

(¹) Traduit d'après le texte du *Times,* 4 janvier 1919.

fondément émue par cette splendide endurance de
votre nation à l'arrière, plus encore que par vos
prouesses dans les combats, et un nouveau lien s'est
formé, celui d'une vive admiration. Puis il est un fil
d'or qui soutient toute cette trame : nous savons que
le peuple italien s'est jeté dans cette guerre pour
défendre les mêmes principes élevés de la justice et
du droit qui ont fait se dresser aussi nos concitoyens. Ainsi donc, j'accueille avec joie cette occasion qui m'est offerte de vous apporter le salut cordial du peuple américain.

Mais nous ne pouvons demeurer dans l'ombre de
cette guerre sans nous apercevoir des choses qui nous
attendent et qui sont dans une certaine mesure, plus
ardues que celles que nous avons déjà entreprises,
car s'il est aisé de parler de droit et de justice, il est
quelquefois malaisé de les faire passer dans la réalité, et cela exigera une pureté de motifs et un désintéressement d'intentions dont le monde n'a jamais
été témoin jusqu'ici dans les conseils des nations. C'est
pour cette raison qu'il me semble que vous ne m'en
voudrez pas si je vous expose brièvement quelques-
uns des éléments de la nouvelle situation.

Le fait capital de cette guerre, c'est que de grands
empires sont tombés en morceaux. La caractéristique
de ces empires était la contrainte qu'ils imposaient à
différents peuples asservis, contrainte maintenue par
la force et dirigée par l'intrigue. La grande difficulté
que présentent des États comme ceux des Balkans
réside en ceci, qu'ils ont toujours été d'une manière
ou d'une autre accessibles à des influences secrètes,

pénétrés par des intrigues, et qu'au nord de leurs régions se trouvaient des populations turbulentes, non point reliées ensemble par la sympathie et par l'amitié, mais par la force coercitive d'un pouvoir militaire.

Maintenant, l'intrigue a essuyé un échec, et les liens sont rompus. Nous allons apporter un nouvel élément pour cimenter ces peuples les uns aux autres. Ils n'ont pas été accoutumés à l'indépendance, et maintenant ils doivent être indépendants. Je suis sûr que vous acceptez comme moi cette règle qu'il ne nous appartient pas de dire quelle sorte de gouvernement ils doivent établir. Mais nous sommes des amis de ces peuples, et notre devoir d'amis de veiller à ce qu'ils soient entourés d'une certaine protection, de quelque chose enfin qui leur permette de rester unis.

Si vous écartez la force, il n'y a qu'un moyen de maintenir les nations unies, c'est l'amitié et le bon accord. La seule chose qui rattache les hommes les uns aux autres est l'amitié, et aussi la seule chose qui rattache les nations ensemble est l'amitié. Par conséquent, notre tâche à Paris est d'organiser l'amitié à travers le monde, et de faire en sorte que toutes les forces qui concourent au droit, à la justice et à la liberté soient rassemblées et pourvues d'un ordre vital que les peuples du monde accueilleront avec empressement et avec joie. En d'autres termes, notre tâche n'est pas moindre que celle-ci, qui est formidable : il s'agit de former une nouvelle psychologie internationale, de créer une nouvelle atmosphère.

Je suis heureux de dire que dans mes entretiens

avec des personnages éminents qui sont à la tête de votre nation, et avec ceux qui sont à la tête de la France et de l'Angleterre, j'ai senti la présence de cette atmosphère, ce désir d'agir avec justice, ce désir de fonder l'amitié, ce désir de faire reposer la paix sur le droit : grâce à cette détermination unanime, tout obstacle peut être surmonté. Tout l'effet qu'un obstacle peut produire sur des hommes courageux ce n'est pas de les effrayer, c'est de porter un défi à leur courage ; ainsi nous devons mettre notre orgueil à surmonter tout ce qui nous barre le chemin.

Nous savons qu'il ne peut pas y avoir un autre équilibre des puissances. Cela a été essayé, et a été trouvé insuffisant, pour la meilleure de toutes les raisons, à savoir qu'une puissance ne pouvait même pas maintenir l'équilibre entre ses parties composantes. Une masse qui manque de cohésion ne peut pas constituer un poids dans la balance des affaires humaines. Par conséquent, on doit substituer quelque chose à l'équilibre des puissances, et je me réjouis de trouver partout flottante, au milieu de ces grandes nations, la conception que cette chose doit être une Ligue des nations fermement unie. Ce que les hommes ont jadis considéré comme purement théorique et utopique devient parfaitement pratique et nécessaire.

Nous nous trouvons à l'aube d'un nouvel âge dans lequel une nouvelle science de gouvernement, j'en suis sûr, rehaussera l'humanité jusqu'à un faîte non encore atteint de progrès et de perfection.

LX

TOAST DU PRÉSIDENT WILSON AU DÎNER DU QUIRINAL(¹).
3 JANVIER 1919.

SIRE,

Je suis profondément ému des nobles expressions
que vous venez de m'adresser. Je sens qu'il me serait
très difficile de vous donner une digne réponse, et

(¹) Nous croyons devoir citer ici le toast du Roi Victor-Emmanuel qui
avait précédé le toast du Président :

MONSIEUR LE PRÉSIDENT,

Si ce n'est que d'aujourd'hui que vous êtes notre hôte cher et bienvenu,
dans la conscience de notre peuple votre personnalité a, depuis longtemps,
imprimé une trace ineffaçable, comme étant celle qui a recueilli en soi
toute la puissance stimulatrice d'une indomptable volonté de liberté et de
justice s'inspirant de la très haute conception des destinées de l'humanité.
Les acclamations qui, dans un enthousiasme fervent, ont accompagné
aujourd'hui votre passage dans les rues de Rome sont le témoignage des
sentiments d'admiration et de reconnaissance que votre nom et votre œuvre
aussi bien que le nom et l'œuvre des États-Unis, ont fait naître dans le
peuple italien.
Il était naturel que votre visite, attendue avec un désir très vif, donnât
maintenant une forme et une expression presque tangibles à ce consentement fervent des esprits, à cette heureuse communion des buts et des
fins idéales qui se sont formés entre les deux peuples et qui sont le gage
d'une union toujours plus intime et d'une coopération toujours plus cordiale devant les graves tâches imposées par la victoire commune.
L'Italie ayant désormais réuni à elle ceux de ses enfants depuis long-

même si je pouvais simplement exprimer les sentiments que j'ai dans le cœur, je suis certain qu'ils ne
seraient pas une réponse suffisante.

J'ai eu l'occasion de parler cet après-midi au Parlement au sujet de la grande sympathie qui est née
entre les États-Unis et l'Italie pendant les années de
cette terrible guerre : cependant je peux parler ici
avec une plus grande intimité et dire combien sincèrement le peuple des États-Unis a admiré votre participation personnelle et votre constante coopération avec
les armées d'Italie, ainsi que la gracieuse et généreuse assistance prêtée par Sa Majesté la reine.

Ce fut pour nous une raison d'orgueil que tant
d'Italiens, tant de citoyens d'origine italienne se trou-
vassent dans nos propres armées et s'unissent avec
leurs frères d'armes d'Italie dans la grande lutte de
la liberté. Ce n'est pas un fait de peu d'importance ; il

temps éprouvés par l'oppression étrangère et retrouvé les frontières qui
seules peuvent lui donner, avec la sécurité, une véritable indépendance,
s'apprête à coopérer avec vous de la façon la plus cordiale pour étudier
les moyens les plus pratiques de serrer en un seul faisceau les nations
civilisées, dans le but de créer, dans la forme suprême d'une Société des
nations, les conditions les plus aptes à sauvegarder d'une façon tutélaire
les droits de chacune, raison première d'une paix agissante et féconde.

L'Italie et l'Amérique sont entrées en guerre toutes les deux par un
acte de libre volonté, mues par la résolution de concourir avec toutes leurs
énergies à empêcher que dans le monde ne prévalût le culte de la force,
pour affirmer une fois de plus dans l'échelle des valeurs humaines la
suprématie de la liberté et de la justice. Elles sont entrées dans la guerre
pour vaincre l'horreur de la guerre. Leur tâche n'est pas finie et l'œuvre
commune doit être développée encore avec une foi solide et une constance
tenace pour atteindre la sécurité de la paix.

Je lève mon verre, monsieur le Président, en votre honneur et en l'honneur de Mme Wilson, dont la charmante présence ajoute du prix à votre
visite. Je bois à la prospérité et à l'ascension continuelle et croissante de
la grande nation américaine.

complète même la fusion des sympathies nationales
qui dure depuis longtemps entre nos deux peuples.
Les Italiens des États-Unis ont recueilli une admiration toute spéciale. Ils constituent, selon mon avis,
le seul peuple d'une nationalité donnée qui ait eu
soin de s'organiser de manière que ses compatriotes
venant en Amérique soient, pendant des mois et des
années, guidés dans les industries vers ces occupa-
tions qui conviennent le mieux à leurs précédentes
habitudes. Aucune autre nationalité ne prit tant
de soucis qu'elle en aidant ses nationaux, et cela
fut profitable aux États-Unis, car ces gens trouvèrent
les emplois où ils pouvaient se rendre le plus utiles
et gagner immédiatement leur vie et en outre contribuer à la prospérité du pays même. Sous tous les
rapports, nous avons été heureux de collaborer,
dans notre patrie et au dehors, avec le peuple de
cette grande nation.

Cet après-midi, je disais en plaisantant à M. Orlando
et au baron Sonnino, qu'en cherchant à placer les
peuples du monde sous la souveraineté qui leur est
le plus propre, nous ne voudrions pas nous séparer
des Italiens des États-Unis parce que nous apprécions
trop ce qu'ils ont apporté non seulement aux industries des États-Unis, mais à la pensée même et à
beaucoup d'autres éléments de la vie américaine.
Aussi cette cérémonie me donne-t-elle l'occasion très
agréable d'exprimer un sentiment très profond.

Il y a quelques jours, j'étais ému en écoutant
un Italien, un homme simple, me dire que nous
avons aidé à nourrir l'Italie pendant la guerre, et

cela me touchait le cœur, car nous avons fait peu. Il nous fut nécessaire d'employer notre tonnage exclusivement pour le transport des troupes et les approvisionnements qui durent les suivre d'Amérique, en sorte que nous n'avons pas pu faire même la moitié de ce qui était notre désir pour fournir à cette nation le charbon ou d'autres marchandises dont elle eut besoin pendant la guerre.

Aussi, vous ne serez pas surpris si, connaissant indirectement comme nous les connaissions les besoins de ce pays, nous étions émus de sa ferme résistance. Mon cœur se tourne vers toutes les pauvres petites familles de ce grand royaume qui supportèrent les douleurs et les sacrifices de la guerre et donnèrent joyeusement leurs hommes pour faire libres d'autres hommes, d'autres femmes, d'autres enfants. C'est à ce peuple, et à d'autres peuples comme lui, que nous devons, après tout, la gloire de cette grande entreprise. Je m'unis à vous et je suis certain que vous êtes tous d'accord avec moi pour lui exprimer non seulement ma profonde sympathie, mais surtout ma profonde admiration.

C'est mon privilège et mon honneur de boire à la santé de Sa Majesté le Roi, de Sa Majesté la Reine et à la longue prospérité de l'Italie(¹).

(¹) Traduit d'après le *Secolo* du 5 janvier 1919.

LXI

Discourse prononcé par le Président Wilson a Rome,
au Capitole, au moment où il reçut du prince
Colonna, maire de Rome, le titre de « *civis roma-
nus* ». — 4 janvier 1919.

Vous venez de me faire un très grand honneur.
Sans doute vous pouvez concevoir quelles sont
les impressions d'un citoyen d'une des plus
neuves parmi les grandes nations, lorsqu'il devient le
citoyen de cette antique cité. Cette distinction, j'en
suis certain, vous me la conférez comme au représentant du grand peuple au nom duquel je prends la
parole.

Celui qui a étudié l'histoire ne peut pas recevoir
un honneur pareil sans que sa mémoire se remplisse
soudain de l'extraordinaire série d'événements qui se
sont déroulés ici. Mais comme j'y réfléchissais aujour-
d'hui, j'ai été saisi par le contraste entre les choses
temporelles et les choses éternelles. Rome a vu bien
des bouleversements politiques depuis le jour où elle
s'éleva du rang d'une petite bourgade pour devenir
la capitale d'un empire. Bouleversements après bouleversements ont emporté dans l'abîme bien des choses
et transformé la forme même de ses entreprises. Mais

ce qui est resté éternel, c'est l'âme de Rome et du peuple italien. Cette âme semble, à chaque époque traversée, s'être imprégnée des tendances caractéristiques du siècle.

Ce peuple impérial représente aujourd'hui la liberté des nations. Ce peuple qui, à une certaine heure, semblait avoir conçu le dessein de gouverner le monde, aujourd'hui s'associe à l'entreprise généreuse d'offrir au monde le moyen de se gouverner par lui-même. Peut-il être une plus impressionnante démonstration de l'indestructibilité de l'âme humaine, et de l'impossibilité d'étouffer l'esprit de liberté?

J'ai pensé dans ces derniers jours à la colossale erreur qui vient d'être commise : l'erreur de la force commise par les empires centraux. Si l'Allemagne avait attendu seulement le temps d'une simple génération, elle aurait possédé l'empire commercial du monde. Elle se refusait à faire cette conquête par les moyens de l'intelligence, de l'esprit d'entreprise, de la réussite commerciale. Elle a cru qu'il fallait tenter de conquérir par les armes, et le monde reconnaîtra toujours d'une manière éclatante cette vérité, qu'il est impossible de conquérir par les armes, que la seule force qui puisse conquérir le monde est celle des œuvres que réalisent le commerce, les relations individuelles, l'amitié, et qu'il n'est aucun pouvoir de conquête qui puisse supprimer la liberté de l'âme humaine.

Je me suis personnellement réjoui de l'association entre les peuples italien et américain, parce que c'était une nouvelle association pour une vieille entreprise, une entreprise qui est certaine du succès partout où l'on y travaille : l'entreprise qui a toujours porté ce joli nom que nous appelons « Liberté ». Les hommes ont parfois cherché à l'atteindre comme un mirage qui paraissait toujours s'évanouir, qui paraissait fuir devant eux chaque fois qu'ils avançaient, mais jamais leur intention n'a faibli, et je ne crois pas me tromper en supposant qu'à l'heure actuelle ils sont plus près du but qu'ils ne l'ont jamais été auparavant.

La lumière qui brillait sur le sommet semble étinceler maintenant presque à nos pieds, et si nous ne l'atteignions pas, ce serait seulement parce que nous avons perdu courage, car nous avons le pouvoir de l'atteindre ; ainsi il me paraît qu'en aucun autre moment des temps, un plus fort souffle d'espoir et de confiance n'a animé les esprits et les cœurs des hommes.

Je ne me serais pas cru autorisé à quitter l'Amérique si je n'avais pas eu la sensation que le temps était venu où les hommes, oubliant les intérêts locaux, les liens et les buts locaux, devraient s'unir dans cette grande entreprise qui attachera à tout jamais entre eux les hommes libres pour qu'ils deviennent un corps unique et fraternel de libres esprits.

Monsieur le maire, je suis honoré d'être admis dans cette antique communauté des citoyens de Rome (¹).

(¹) Traduit d'après le *Corriere della Sera* du 5 janvier 1919.

LXII

Monsieur le maire,

Peut-il m'être permis de vous dire, à vous le représentant de cette grande cité, que je me trouve dans l'impossibilité de rendre par des mots les impressions que j'ai ressenties aujourd'hui? Un accueil étourdissant, un accueil spontané, un accueil jaillissant du cœur d'une manière aussi éclatante m'a ému profondément, Monsieur, et je n'ai pas manqué de saisir ce que signifiait un tel accueil.

Vous avez affirmé vous-même, Monsieur, et j'en ai le sentiment, je crois, aussi vif que quiconque, que la structure sociale se fonde sur les grandes classes travailleuses du monde, que ces classes travailleuses, dans de nombreuses nations de l'univers, par leur conscience d'une communauté d'intérêts, par leur conscience d'une communauté d'idéal, ont peut-être plus que toute autre influence agi pour établir une opinion mondiale, une opinion qui n'est pas celle d'une nation, qui n'est pas celle d'un continent,

mais qui est, peut-on dire, l'opinion de l'humanité.
Et je me rends compte, Monsieur, que ceux de nous,
chargés aujourd'hui de la lourde et sérieuse responsabilité de conclure les arrangements de la paix,
doivent penser, agir et conférer en présence de cette
opinion. Je me rends compte que nous ne sommes pas
les maîtres d'aucune nation, mais que nous sommes
les serviteurs de l'humanité ; que le privilège de poursuivre des intérêts spéciaux ne nous appartient pas,
mais qu'il est de notre devoir manifeste d'envisager
uniquement l'intérêt général.

C'est une affirmation solennelle, Monsieur, et ici, à
Milan, où je sens tellement vibrer l'ardeur d'une sympathie internationale, je suis heureux de me lever et
de dire que je crois que cette ardeur bat aussi dans
mes propres veines, et que je n'entrevois pas des arrangements spéciaux, mais un règlement général.

J'ai été vraiment très touché aujourd'hui de recevoir
des mains des soldats blessés une adresse en faveur
de la Ligue des nations, et d'apprendre d'eux qu'ils
n'ont pas seulement combattu pour gagner la guerre,
mais pour assurer quelque chose au delà de la victoire, une garantie de justice, un équilibre établi dans
le monde entier donnant la certitude qu'ils n'auraient
jamais de nouveau à lutter dans une guerre pareille.

Ceci est une obligation de plus pour nous, qui devons organiser la paix. Nous ne devons pas nous
contenter seulement de signer la paix et de retourner
chez nous, la conscience nette. Nous devons faire
quelque chose de plus ; nous devons y ajouter, autant
qu'il nous sera possible, les garanties que partout

réclament les hommes qui ont souffert. Je pense aussi aux femmes. Je sais que, si merveilleux qu'ont été les hauts faits de vos armées, si terribles qu'ont été les sacrifices qu'elles ont faits, et si grande que soit la gloire dont elles se sont couvertes, la part la plus lourde du fardeau de la guerre a été supportée, pendant que les hommes étaient partis pour le front, par les femmes qui voulaient que ceux-ci restassent face à l'ennemi jusqu'à ce que la lutte ait pris fin.

Lorsque j'ai entendu votre Ministre du ravitaillement me raconter que pendant des jours entiers il n'y avait pas de pain, et quand je sais que, même durant ces journées sans pain, le courage du peuple n'a pas faibli, alors je lève mon chapeau devant le grand peuple italien, et je dis que mon admiration s'est changée en amitié et en attachement.

C'est avec ce sentiment que je reçois vos compliments, Monsieur, et je vous remercie du fond du cœur pour l'accueil sans précédent qui m'a été fait par votre peuple généreux ([1]).

([1]) Traduit d'après le *Corriere della Sera* du 6 janvier 1919.

LXIII

Discours prononcé a la séance d'ouverture de la
Conférence des préliminaires de paix pour demander que M. Clemenceau, président du conseil français, soit nommé président de la Conférence. —
18 janvier 1919.

J'ai le grand honneur de proposer, comme Président définitif de cette Conférence, le Président
du conseil français, M. Clemenceau. Je le ferai,
sans doute, en déférant à l'usage. Je le ferais s'il ne
s'agissait que de rendre hommage à la République
française ; mais je le fais aussi parce que je désire,
et vous désirerez certainement avec moi, rendre
hommage à l'homme lui-même. La France mériterait
déjà seule cet honneur ; car nous nous trouvons
aujourd'hui dans sa capitale, et c'est ici que se réunit
cette grande Conférence. La France, par ses souffrances et ses sacrifices pendant la guerre, mérite
un tribut spécial. De plus, Paris est son ancienne et
magnifique capitale où plus d'une fois se sont réunies
de ces grandes assemblées dont le sort du monde a
dépendu.

Je suis heureux de penser que la réunion qui

commence couronne la série de ces réunions. Cette Conférence peut être considérée, à quelques égards, comme le couronnement suprême de l'histoire diplomatique du monde jusqu'à ce jour, car jamais autant de nations n'ont été représentées à la fois pour résoudre les problèmes qui intéressent à un tel degré le monde entier. De plus, cette réunion signifie pour nous la fin de cette terrible guerre qui menaçait de détruire la civilisation et le monde lui-même. C'est pour nous un sentiment délicieux que de sentir que nous nous réunissons au moment où cette terrible menace a cessé d'exister.

Mais, ce n'est pas seulement à la France, c'est à l'homme qui est son grand serviteur que nous voulons rendre hommage et faire honneur. Nous avons appris, depuis que nous sommes en rapport avec lui, depuis qu'il est à la tête du gouvernement, à admirer la puissance de sa direction, la force et le sens de son action ; mais, de plus, ceux qui le connaissent, ceux qui ont travaillé de près avec lui ont acquis pour lui une véritable affection. Ceux qui l'ont vu comme nous travailler en ces derniers temps, savent jusqu'à quel point il est uni avec nous, savent avec quelle ardeur il travaille pour ce que nous voulons nous-mêmes — car nous voulons tous la même chose : nous voulons avant tout enlever des épaules de l'humanité le poids effroyable qui pèse sur elle. Allégée de ce poids, l'humanité pourra enfin retourner joyeusement au travail.

Ainsi, Messieurs, ce n'est pas seulement au Président du conseil de la République française, c'est à

M. Clemenceau que je vous propose de donner la présidence de cette assemblée (¹).

(¹) Ces paroles sont à rapprocher de celles que prononça immédiatement après M. Lloyd George :

Messieurs, c'est non seulement un plaisir pour moi, mais un véritable privilège, que d'appuyer au nom de l'empire britannique la motion qui vient d'être faite par M. le président Wilson.

Je le ferai pour les raisons que M. le Président vient d'exprimer avec tant d'éloquence. C'est un hommage, un hommage à l'homme que nous voulons rendre avant tout.

Quand j'étais à l'école, M. Clemenceau était déjà une des forces agissantes de la politique française. Déjà sa renommée était parvenue bien loin du lieu où son activité s'exerçait. Et n'était ce souvenir d'enfance, je serais tenté de croire à la légende communément répandue de l'éternelle jeunesse de M. Clemenceau. Dans toutes les conférences auxquelles nous avons assisté, l'homme le plus alerte et le plus vigoureux, en un mot, le plus jeune, fut toujours M. Clemenceau. Par la fraîcheur de son esprit, par son infatigable énergie, il prouvait à chaque instant sa jeunesse ; il est vraiment « le grand jeune homme » de la France.

Mais rien ne nous sera plus agréable que de le voir prendre la place que nous lui proposons d'accepter. Nul n'est plus qualifié pour cela.

Nous avons souvent discuté ensemble, nous nous sommes accordés souvent ; quelquefois nous n'étions pas d'accord et, dans ce cas, nous avons toujours eu l'habitude de discuter nos opinions avec toute la force et la vigueur qui appartiennent à deux Celtes comme vous.

Je crois que dans les débats de la Conférence, il y aura, au début, indubitablement, des retards, mais je garantis, par ma connaissance de M. Clemenceau, qu'il n'y aura pas de temps perdu. Cela est indispensable. Le monde a soif de paix ; des millions d'hommes attendent pour revenir à leur vie normale ; ils ne nous pardonneraient pas de trop longs délais. Je suis sûr que M. Clemenceau ne permettra pas qu'il se produise des retards inutiles. Il est un des plus grands orateurs vivants, mais il sait que la plus belle éloquence est celle qui fait avancer les affaires, et que la plus mauvaise est celle qui les retarde.

J'ai une autre raison de le féliciter d'occuper la place qui va lui être attribuée : c'est le courage indomptable dont il a fait preuve dans les jours difficiles. Au cours de ces jours, son énergie, sa présence d'esprit ont plus fait que tous nos actes, aux uns et aux autres, pour assurer la victoire. Il n'est pas d'homme dont on puisse dire qu'il a contribué davantage à surmonter ces difficultés terribles qui étaient si proches du triomphe final. Il représente l'énergie admirable, le courage, les ressources de son grand peuple, et c'est pourquoi je désire ajouter ma voix à celle de M. le président Wilson et demander son élection à la présidence de la Conférence de la paix.

LXIV

RÉPONSE A L'ALLOCUTION PRONONCÉE PAR M. ANTONIN
DUBOST, PRÉSIDENT DU SÉNAT, A LA SUITE DU DÉJEU-
NER OFFERT PAR LE SÉNAT AU PRÉSIDENT WILSON
LE 20 JANVIER 1919 (¹).

MONSIEUR LE PRÉSIDENT,

Vous avez fait sentir par la générosité de vos paroles
le prix de votre bienvenue. C'est pour moi un hon-

(¹) Voici le texte de l'allocution de M. Antonin Dubost :

MONSIEUR LE PRÉSIDENT,

Mes collègues et moi vous remercions d'avoir bien voulu répondre à
notre invitation, et nous donner quelques heures d'un temps que nous savons consacré à de hautes méditations, et à d'importantes négociations où
le sort des peuples est engagé.

Le peuple français, vous le connaissez maintenant. Dès vos premiers pas
sur la terre de France, dès votre entrée dans Paris, il s'est donné à vous
d'un cœur spontané, et il a lu aussitôt dans votre franc sourire, sur votre
physionomie si ouverte et si loyale que spontanément aussi vous vous don-
niez à lui.

Aujourd'hui, vous êtes ici dans un vieux palais de France, et c'est dans
ce grand décor d'autrefois qu'avec une pensée renouvelée par l'ardeur
républicaine, mais avec une continuité patriotique, le Sénat français poursuit une histoire qui compte déjà quinze siècles. Soyez-y le bienvenu,
Monsieur le Président, vous et vos idées.

Nulle part, votre magnifique ambition de substituer, à l'équilibre pério-

neur unique que de vous entendre m'appeler votre
ami. Ne me permettrez-vous pas d'appeler tous ceux
qui sont ici réunis autour de vous « mes amis » ?

Partout dans ce grands pays, la bienvenue qui a été
réservée à moi-même et à ceux qui m'ont entouré,
m'a touché comme si je sentais, comme si je voyais
devant moi se rencontrer l'âme de nos deux pays.

Nous savons les longs périls au travers desquels
la France a passé. La France a pu penser quelque-

---

diquement rompu des forces matérielles, l'arbitrage définitif des forces
morales, ne pouvait rencontrer plus d'enthousiasme qu'en France, et
nulle part plus qu'au Sénat, puisque les statuts de la paix internationale
y furent, de longue date et en premier lieu, préparés par quelques-uns
de ses membres les plus éminents. Mais croyez aussi, Monsieur le Président, que nulle part dans le monde n'est un pays qui plus que la France
soit soumis à une fatalité aussi redoutable, celle de subir directement la
poussée séculaire d'une race de proie, race qui semble elle-même poussée
par quelque obscur, quelque ancestral besoin de migration.

Notre problème national est donc de combiner notre passé européen,
notre sécurité positive, matérielle, avec les conditions de l'ordre nouveau que vous avez si noblement formulé, parce que cet ordre nouveau
devra toujours s'appuyer sur une force quelconque dont la France sera,
en définitive, la sentinelle la plus avancée et la plus exposée.

Nous croyons fermement avec vous, Monsieur le Président, et permettez-
moi d'ajouter, sincère et grand ami, qu'un nouvel ordre mondial, et peut-
être une harmonie mondiale sont possibles, où la patrie française sera
enfin libérée du cauchemar de l'invasion, la patrie française pour laquelle près de quatorze cent mille hommes viennent encore de donner
leur vie.

C'est avec cet espoir que nous nous engagerons franchement dans la
sublime croisade que vous êtes venu entreprendre sur le sol dévasté de la
vieille Europe où la haine et la discorde hurlent encore après que le
canon s'est tu, et où l'anarchie fait déjà chanceler sur elle-même une
vaste portion de l'humanité.

La tâche est gigantesque, mais elle est digne de votre pays habitué aux
grandes entreprises, du nôtre, vieil ouvrier de la civilisation occidentale,
et de vous, Monsieur le Président, de votre grand cœur et de votre haute
intelligence que nous saluons d'un joyeux espoir et d'une ardente
acclamation.

fois que, pour nous, ces périls étaient lointains et que
nous n'en comprenions pas toute la gravité. Nous
les avons toujours connus, nous les avons suivis. Il
est vrai qu'il nous était impossible de comprendre à
certains moments combien ces périls étaient terrible-
ment proches. Pendant ces années d'angoisse,
angoisse que nous avons tous partagée, il n'est pas
douteux que l'anxiété de la France a été suprême.
C'était elle qui se tenait debout comme une sentinelle
à la frontière de la liberté.

Elle avait fait dans le passé, elle avait fait dans son
histoire récente de grandes choses pour construire le
monde nouveau, de grandes choses pour construire
la France elle-même sur des bases de liberté et
de progrès. Tandis qu'elle était tout entière à ce
travail, à côté d'elle, séparé par la ligne impercepti-
ble d'une frontière et par un petit pays que sa neutralité ne devait pas protéger, il y avait là un grand
territoire couvert d'un nuage sombre, le nuage des
ambitions malsaines, le nuage des desseins criminels,
et ce nuage s'étendait jusque sur la frontière de la
France.

Pour la France, il n'y avait pas là seulement un
danger, mais un défi permanent. La France cependant
attendait dans le calme, la France se préparait à faire
face à ce qui pouvait tomber sur elle. Mais c'était
une belle chose, tandis qu'elle préparait ses fils à
combattre s'il le fallait, de la voir s'abstenir de faire
jamais quoi que ce fût qui eût l'apparence d'une
agression ou d'une provocation. Elle se préparait
pour sa défense ; elle ne se préparait pas pour impo-

ser sa volonté à un autre peuple, mais pour empêcher
d'autres peuples de violer sa propre volonté et de lui
imposer la leur.

Lorsque je vous rencontre, lorsque je vois vos
charmants compatriotes, ce que je lis dans leurs yeux,
ce que j'entends dans leurs paroles, c'est ceci :
« L'Amérique a toujours été notre amie. Maintenant
elle est quelque chose de plus ; elle nous a pleinement
compris, elle sera toujours notre amie. »

Si le danger qui a menacé la France dans le passé
pouvait être permanent, la France, comme vous l'avez
dit, Monsieur le Président, resterait la première
exposée au péril. Mais beaucoup d'éléments nouveaux
doivent l'aider à se rassurer. Nous voyons devant
nous naître un monde nouveau. Ce monde s'est
éveillé à la communauté de ses intérêts. Il sait que
son avenir même en dépend, l'avenir des institutions
libres et celui de la civilisation. Il sait que si le péril
dans lequel la France a vécu devait se continuer, la
menace serait pour le monde entier. Contre elle, ce
n'est pas seulement la France, c'est le monde entier
qui doit s'organiser.

Dans l'hospitalité que je reçois, dans les paroles
qui m'accueillent, je ne vois pas seulement votre
aimable bienveillance et votre cordialité fraternelle.
J'y vois aussi un dessein, j'y vois une pensée diri-
geante. Cette pensée, c'est que nous devons nous
tenir fortement les uns les autres, c'est que nous
devons nous aider les uns les autres. Ceux qui ont
combattu pour la liberté, ceux qui l'ont défendue et
sauvée sont liés par un serment de ne jamais se sépa-

rer. C'est l'esprit que je sens dans cette réunion qui nous entoure.

Je suis venu ici représentant d'un peuple qui sent profondément, et qui veut profondément ce qu'il veut. Mes paroles ne valent qu'en tant qu'elles sont l'expression de la volonté du peuple américain. Je vous remercie comme si c'était le peuple des États-Unis qui fût ici pour voir de ses yeux dans vos yeux tout ce que j'y vois de bienvenue et d'affection.

La France, par ses efforts et ses sacrifices, a mérité et a gagné l'amitié fraternelle du monde entier. La France pourrait presque être regardée comme privilégiée d'avoir souffert et d'avoir prouvé par là-même de quoi elle était capable et de quelle substance elle était faite. Elle est devenue plus chère que jamais à tous ceux qui aiment la liberté et à tous ceux qui comptent sur l'union des amis de la liberté pour assurer le progrès et l'avenir du monde (¹).

(¹) Nous publions ce discours tel qu'il a paru dans les journaux français; nous n'avons pu nous procurer le texte anglais.

LXV

Proposition du Président Wilson relative a la Russie, approuvée par la Conférence des préliminaires de paix dans sa séance du 22 janvier 1919.

L E seul objet que les représentants des puissances associées ont eu présent à l'esprit dans la discussion de l'action qu'elles pourraient poursuivre relativement à la Russie a été d'aider le peuple russe, non de lui susciter des obstacles ou de s'immiscer aucunement dans son droit de régler ses propres affaires à sa manière. Ces représentants considèrent le peuple russe comme leur ami et non comme leur ennemi et ils sont désireux de l'aider de toute manière selon laquelle ce peuple désirerait être aidé. Il est clair pour eux que les malheurs et la détresse du peuple russe augmenteront régulièrement, que la faim et les privations de toutes natures deviendront de plus en plus aiguës, de plus en plus étendues, et de plus en plus impossibles à apaiser, si l'ordre n'est pas restauré, si les conditions normales du travail, du commerce et du transport ne sont pas instituées à nouveau ; ils cherchent donc le mode selon lequel le peuple russe pourrait être secouru en vue de l'établissement de l'ordre.

Ils reconnaissent le droit absolu du peuple russe de diriger ses propres affaires, sans injonction ou direction d'aucune sorte venant du dehors ; ils ne veulent pas exploiter la Russie ou se servir d'elle en aucune manière ; ils reconnaissent la révolution sans réserve et, en aucune façon et en aucune circonstance, ils n'aideront ou ne donneront leur appui à aucune tentative de contrerévolution ; il n'est ni dans leur désir, ni dans leur intention, de favoriser ou d'assister, les uns contre les autres, aucun des groupes organisés qui se disputent présentement la direction et la conduite de la Russie. Leur seul et sincère but est de faire ce qu'ils peuvent pour apporter à la Russie la paix et la possibilité de se libérer de ses présentes difficultés.

Les puissances associées sont actuellement engagées dans une œuvre solennelle, et sous leur responsabilité, visant à l'établissement de la paix en Europe et dans le monde, et, c'est avec l'attention la plus vive qu'elles s'attachent au fait que l'Europe et le monde ne peuvent être en paix si la Russie ne l'est pas ; en conséquence, elles reconnaissent et acceptent comme un de leurs devoirs de servir la Russie dans cette affaire de grande importance avec autant de générosité, d'abnégation, de sollicitude et de large bonne volonté qu'elles serviraient tout autre ami et allié et elles sont prêtes à rendre ce service au peuple russe de la manière qui sera pour lui la plus acceptable.

Dans cet esprit et avec ce dessein, elles ont pris la résolution suivante :

Elles invitent tout groupe organisé qui exerce actuellement, ou qui tente d'exercer, une autorité politique ou un contrôle militaire où que ce soit, en Sibérie ou dans l'intérieur des frontières de la Russie d'Europe, telles qu'elles étaient avant la guerre qui vient de s'achever (excepté en Finlande et en Pologne), à envoyer des représentants dont le nombre ne dépasse pas trois pour chaque groupe à l'île des Princes (mer de Marmara). Là, ceux-ci seront reçus par des représentants des puissances associées, pourvu que dans l'intervalle il s'établisse une trêve entre les partis invités et que toutes les forces armées envoyées ou dirigées contre des peuples ou territoires en dehors des frontières de la Russie d'Europe, telles qu'elles étaient avant la guerre, ou contre la Finlande, ou contre des peuples ou des territoires dont l'autonomie est envisagée dans les 14 articles sur lesquels sont basées les présentes négociations de paix, soient entre temps retirées et que toute action offensive militaire cesse. Ces représentants sont invités à conférer avec les représentants des puissances associées de la manière la plus libre et la plus franche en vue de fixer les désirs de toutes les parties du peuple russe et de parvenir si possible à quelque entente ou à quelque arrangement au moyen desquels la Russie puisse arriver à travailler à ses propres desseins en même temps que des relations d'heureuse coopération seront instituées entre son peuple et les autres peuples du monde.

On demande une prompte réponse à la présente invitation. Toutes facilités pour le voyage des représentants, y compris le transport à travers la mer Noire, seront données par les alliés et l'on compte que les mêmes facilités seront données par tous les partis intéressés. Les représentants seront attendus au lieu fixé pour la rencontre le 15 février 1919 (¹).

(¹) Nous publions le texte publié par les journaux. Nous n'avions pas à nous reporter au texte anglais, puisqu'il s'agit d'un texte adopté par la Conférence de la paix, où le français est langue officielle au même titre que l'anglais.

LXVI

Discours prononcé a la séance plénière de la Conférence des préliminaires de paix, le 25 janvier 1919, pour inaugurer la discussion relative a la Ligue des nations.

Dès *l'ouverture de la séance, M. Clemenceau donna lecture de la résolution suivante préalablement adoptée :*

« *La conférence, ayant examiné les propositions relatives à la création d'une Ligue des nations, décide que :*

« a) *Il est essentiel pour le maintien du statut mondial que les nations associées ont maintenant à établir, de créer une Ligue des nations, organe de coopération internationale qui assurera l'accomplissement des obligations internationales contractées et fournira des sauvegardes contre la guerre ;*

« b) *Cette Ligue, dont la création ferait partie intégrante du traité général de paix, devrait être ouverte à toute nation civilisée, à qui on pourrait se fier pour en favoriser les desseins ;*

« c) *Les membres de la Ligue se réuniraient périodiquement en conférence internationale ; ils auraient une organisation permanente et un secrétariat pour suivre les affaires de la Ligue dans l'intervalle des conférences.*

« *La Conférence nomme en conséquence une commission représentant les gouvernements associés pour éla-*

borer, dans le détail, la constitution et les attributions de la ligue. »

Après cette lecture le Président Wilson prit la parole en ces termes (¹)*:*

C'est un grand honneur qui m'est accordé d'ouvrir cette discussion sur la Ligue des nations. Nous nous sommes réunis ici pour deux objets : pour faire les règlements que la guerre a rendus nécessaires et aussi pour garantir la paix au monde, non point seulement par ces règlements, mais par les arrangements que cette Conférence instituera pour maintenir cette paix. Pour réaliser ces deux desseins la Ligue des nations me paraît indispensable. Plusieurs problèmes très compliqués se posent à propos des règlements actuels et il n'est pas certain que les solutions les plus satisfaisantes seront apportées par les décisions que nous allons prendre ici même. Il est facile de prévoir que plusieurs de ces règlements exigeront une revision, que nos décisions devront être ultérieurement plus ou moins corrigées. Car, si j'en juge par les études auxquelles je me suis livré de certaines questions, plusieurs problèmes ne comportent pas dès aujourd'hui des solutions définitives.

Il est donc indispensable d'instituer un mécanisme qui fonctionnera pour compléter l'œuvre de cette

---

(¹) Traduit d'après le texte du *Times*, 27 janvier 1919. Pendant le séjour du Président Wilson en France, une traduction française officielle a été établie par les soins du ministère des Affaires étrangères pour certains de ses discours (Toast à l'Élysée, à l'Hôtel-de-ville, etc.). Mais la traduction des paroles prononcées à la Conférence de la paix et publiée par les journaux n'offre pas les mêmes garanties. Ainsi celle qu'on a pu lire dans la presse du présent discours est incomplète et sans précision.

Conférence. Nous sommes assemblés ici pour une tâche bien plus importante que le simple règlement des difficultés urgentes. L'opinion mondiale considère cette Conférence avec des dispositions très particulières. Je puis dire sans exagération que nous représentons ici non pas des Gouvernements, mais véritablement des peuples. Il ne s'agit pas du tout de contenter les milieux gouvernementaux, cela ne suffirait nulle part. Il est nécessaire de satisfaire la conscience humaine. Les charges de cette guerre, plus que cela ne s'était jamais produit, sont retombées sur la totalité des populations impliquées dans le conflit. Je n'ai pas besoin de vous représenter comment le fardeau, après avoir accablé d'abord les combattants du front, est venu accabler à l'arrière les vieillards, les femmes, les enfants, anéantir les foyers de toutes les nations civilisées, comment les maux de la guerre ont pénétré jusque dans ces régions que le regard des gouvernants ne saurait atteindre, mais où bat cependant le cœur de l'humanité. Tous ces êtres humains attendent de nous une paix durable. Ils attendent que nous les délivrions à jamais d'une semblable calamité et j'ose dire que, s'ils ont supporté jusqu'ici cette calamité, c'est avec l'idée qu'après cette guerre leurs gouvernants s'uniraient pour empêcher le retour de pareils sacrifices.

C'est donc une solennelle obligation qui nous incombe : nous devons organiser une institution permanente pour assurer le règne de la justice et le maintien de la paix. Telle est notre tâche essentielle. Les règlements peuvent ne durer qu'un temps, mais l'action qu'exerceront les nations dans l'intérêt de la paix et de la justice doit être permanente. Nous devons créer des méthodes permanentes, car il n'est pas certain que nous soyons capables de trouver des solutions éternelles.

Essayons en effet de nous représenter l'état présent du monde. N'est-ce pas un fait saisissant entre tous que les grandes découvertes de la science, les paisibles recherches de laboratoires, les silencieuses méditations des travailleurs dans les bibliothèques aient servi à la destruction de la civilisation elle-même ? Les puissances destructrices ne sont pas beaucoup plus nombreuses qu'autrefois, mais elles ont trouvé de remarquables auxiliaires. L'ennemi que nous venons d'abattre avait créé dans ses villes universitaires quelques-uns des centres les plus importants d'études et de découvertes : il les a utilisés pour que la destruction fût plus soudaine et plus radicale. Seule la collaboration attentive, continue, des peuples maintiendra la science, comme les armements, sous le contrôle de l'humanité civilisée.

En un sens les États-Unis sont ici moins directement intéressés que les autres nations présentes à cette Conférence. A cause de la grandeur de leur territoire et de l'étendue des mers qui l'entourent, ils sont vraisemblablement moins exposés aux attaques d'un ennemi que la plupart des autres pays. La ferveur des États-Unis pour l'idée d'une société des nations, — car cette idée excite chez notre peuple, une ferveur véritable, — ne vient pas de la crainte ou de l'appréhension, elle vient de l'idéal même dont

ils ont pris conscience au cours de cette guerre. En
entrant dans cette guerre, ils n'ont pas eu un seul
instant l'idée qu'ils intervenaient dans la politique
européenne, ou asiatique, dans la politique d'une partie quelconque de l'univers. Ils se sont dit simplement.
que le monde entier a maintenant conscience de
défendre une cause unique mise en péril par cette
guerre. C'est la cause de la justice et de la liberté
pour tous les hommes, de toute classe et en tout lieu.
Les États-Unis auraient le sentiment d'être interve-
nus sans raison dans cette guerre si elle n'aboutissait
qu'à des arrangements proprement européens. Ils
ne se croiraient pas obligés de contribuer à faire respecter ces arrangements européens, si le devoir de
veiller perpétuellement au maintien de la paix n'in-
combait désormais aux nations du monde entier associées entre elles.

Aussi j'estime que nous devons mettre en commun
le meilleur de notre pensée pour donner la vie à cette
Ligue des nations. Il ne suffit pas de lui conférer
une existence nominale, une existence momentanée,
l'existence d'une solution qu'on imagine pour se
tirer d'embarras dans une conjoncture difficile. Il faut
qu'elle poursuive sa tâche sans interruption, qu'elle
veille jalousement sur les intérêts des nations, qu'elle
dure comme un organisme vivant, qu'elle exerce des
fonctions permanentes, qu'il ne puisse y avoir de
cesse dans sa vigilance et son labeur. Elle sera comme
l'œil des nations, toujours fixé sur leurs communs
intérêts, un œil qui jamais ne se fermera, auquel
rien n'échappera, qui ne se laissera point distraire.

Si nous ne donnons pas la vie à cette Ligue, qu'aurons-nous fait? Nous aurons trompé l'attente des peuples. Car cette Ligue est leur préoccupation dominante. Depuis que j'ai traversé l'océan, j'ai eu la joie de faire une constatation en visitant divers pays: chaque fois que la voix d'un peuple s'est fait entendre à moi par n'importe quel porte-parole, au premier rang des revendications figurait le projet de la Ligue des nations. Messieurs, ce ne sont plus des cercles restreints qui gouvernent l'humanité. L'avenir du monde est entre les mains du peuple. Donnez-lui satisfaction: alors vous vous serez montrés dignes de sa confiance et vous aurez fondé une paix solide. Sinon, rien ne pourra garantir au monde une paix réelle.

Vous pouvez maintenant comprendre, Messieurs, les sentiments des représentants des États-Unis à l'égard de ce grand projet. La Ligue des nations nous apparaît comme la clef de voûte de tout le programme dans lequel s'expriment nos idées et nos intentions au sujet de cette guerre, programme que toutes les nations associées ont accepté comme base du futur règlement. Si nous retournions aux États-Unis sans avoir fait tous les efforts possibles pour réaliser ce programme, nous encourrions le blâme mérité de nos concitoyens. Car ils constituent une vaste démocratie. Ils attendent de leur Gouvernement que celui-ci exprime leur propre pensée, non point qu'il poursuive un dessein particulier. Ils entendent que ceux qui gouvernent soient les serviteurs de la nation. Nous ne pouvons rien faire d'autre qu'obéir à notre mandat. Mais ce mandat nous l'acceptons avec le

plus vif enthousiasme, avec joie ; car là est la clef de
voûte de tout l'édifice, tout notre programme est
suspendu à cette pièce maîtresse et il est également
suspendu à chacune des parties de la construction.
Aussi ne nous permettrions-nous pas de renoncer à
un seul article de ce programme qui constitue nos
instructions. Nous ne pourrions nous prêter à aucun
compromis quand il s'agit de la paix du monde, du
règne de la justice, du principe selon lequel chaque
peuple reste son propre maître, notre seule fonction
étant de veiller à garantir au monde entier ce droit
de choisir ses destinées et ses gouvernements, conformément à ses désirs, non pas aux nôtres. Bref
nous sommes ici réunis pour supprimer ce qui a précisément causé cette guerre.

Les causes de cette guerre, c'est le pouvoir arbitraire des coteries étroites de chefs civils et des états-
majors militaires ; c'est la politique agressive des
grandes puissances prêtes à fondre sur les petites ;
c'est la contrainte exercée par les armes sur des populations récalcitrantes pour les maintenir groupées
contre leur gré en de vastes empires ; c'est la domination tyrannique de quelques individualités disposant des peuples suivant leur caprice, comme on use
des pions sur un échiquier. Si vous ne délivrez pas le
monde de ces tyrannies, vous n'établirez pas une paix
solide. Les représentants des États-Unis n'auront pas
de peine à choisir leur voie, parce qu'ils se sont fixé
une ligne que leur tracent d'inaltérables principes.
Et, Dieu merci, ces principes ont été acceptés comme
la base du règlement futur par tous les hommes

d'esprit élevé qui vont aborder ce vaste problème.

J'ai confiance que lorsqu'on saura, — comme on le saura j'en suis sûr un jour, — que nous avons adopté le principe de la Ligue des nations et que nous travaillons à faire de ce principe une réalité, les cœurs des hommes de tout pays seront soulagés d'une lourde angoisse. Nous nous trouvons dans une situation très particulière. Tous les jours, en sortant dans la rue, je vois des uniformes américains. Ces hommes se sont enrôlés après avoir entendu nos déclarations. Ils sont partis comme des croisés, non pour gagner une guerre, mais pour faire triompher une cause. Je suis responsable devant eux, car ils comptent sur moi pour formuler l'idéal qu'ils sont venus défendre; comme eux j'entreprends une croisade pour réaliser ces fins, quelques obligations qu'elles m'imposent et l'honneur me commande d'atteindre les résultats pour lesquels ils ont combattu.

Chaque jour je constate que nous ne risquons pas de nous trouver seuls, car les champions de cette cause abondent tout autour de nous. Si c'est à nous qu'échoit l'honneur d'ouvrir ce débat comme nous y invite notre éminent Président et d'affirmer que la Ligue des nations est la clef de voûte de tout l'édifice, c'est peut-être parce que nous n'avons aucun intérêt particulier ni dans la politique de ce vaste continent, ni dans celle de l'Orient. Ce n'est pas parce que nous sommes seuls à soutenir cette idée, c'est parce que nous représentons un intérêt général reconnu par tous ceux qui sont ici présents (¹).

____

(¹) Nous nous écartons légèrement du texte du *Times* qui n'offre aucun

J'ai tenté seulement de vous révéler l'origine de l'enthousiasme qu'excite en nous ce grand projet. Il s'inspire de tout ce que l'humanité a depuis longtemps souffert, de tout ce qu'elle a chéri. C'est le cœur même du monde que nous sentons battre quand nous nous penchons sur ce problème (¹).

---

sens satisfaisant. Pour ces discours très récents nous ne disposons malheureusement d'aucun texte absolument sûr.

(¹) Immédiatement après ce discours, M. Lloyd George prononça les paroles suivantes que nous citons d'après le *Temps* du 27 janvier 1919 :

« J'ai l'honneur de seconder la résolution qui vient d'être présentée par M. le Président Wilson.

« Après le noble discours qui vient d'être prononcé, il n'est pas nécessaire d'ajouter des arguments en faveur du plan général, de l'idée générale de la Société des nations ; mais je désire exprimer combien les peuples de l'empire britannique sont favorables à cette idée. Si les hommes d'État de l'empire britannique n'ont pas pu consacrer plus de leur temps et de leurs efforts à étudier cette question, c'est qu'ils ont eu à faire face, pendant la guerre, à des devoirs, à des obligations plus immédiats.

« Si j'avais sur la Ligue des nations le moindre doute, ce doute aurait été dissipé par le spectacle que j'ai eu sous les yeux dimanche dernier : j'ai visité, il y a quelques jours, un pays qui était un des plus heureux et des plus prospères de tout un grand pays prospère ; il est aujourd'hui désolé, ravagé. J'ai voyagé pendant des heures au travers d'une contrée qui n'avait plus l'air d'un pays habitable, qui n'était plus rien qu'une monstrueuse excavation, un bouleversement qui n'avait rien de terrestre. Il n'y a pas de réparation possible pour les ravages qui y ont été faits. Il n'y a pas de réparation possible, car les choses les plus belles du monde ont été défigurées d'une manière qui ne permet pas de restauration. Et ce qui est pire, surtout, c'est que nous savons aujourd'hui que des hommes appartenant à cette race de France qui est attachée à son pays plus passionnément peut-être qu'aucune autre ont été obligés par l'ennemi luimême à détruire leurs propres maisons, leurs propres villes. Non loin de à, j'ai vu d'immenses champs de tombeaux, et j'ai pensé : voilà les résultats de la seule méthode que les nations aient encore trouvée de régler leurs différends. Assurément, il est temps de trouver pour régler les différends qui peuvent s'élever entre les nations une autre méthode que cette sauvagerie organisée. Je ne sais si nous réussirons dans notre entreprise, mais c'est un succès déjà de l'entreprendre, et c'est pourquoi je seconde cette résolution. »

LXVII

Discours prononcé a Paris, a la Chambre des Députés, le 3 février 1919.

La *Chambre des Députés a reçu le Président Wilson le 3 février 1919. La tribune du Président de la République avait été réservée aux premiers ministres étrangers et aux membres des missions accréditées à la Conférence de la paix, à MM. Lloyd George, Lansing, Orlando, Venizelos, Bratiano, etc. Les Députés avaient admis les Sénateurs parmi eux; presque tous les parlementaires étaient présents, c'est donc l'Assemblée nationale tout entière qui siégeait au Palais-Bourbon. A cinq heures, le cortège des cinq Présidents fit son entrée dans l'hémicycle : MM. Wilson, Poincaré, Antonin Dubost, Clemenceau et Paul Deschanel s'avancèrent, accueillis par des applaudissements prolongés et des acclamations chaleureuses. M. Deschanel alla prendre sa place accoutumée tandis que les quatre autres Présidents s'asseyaient en face de la tribune, en avant du banc des ministres. S'adressant au Président Wilson, M. Deschanel prononça le discours suivant :*

MONSIEUR LE PRÉSIDENT,

Les représentants de la France sont heureux de vous souhaiter une respectueuse et affectueuse bienvenue dans ce palais où s'est déroulée une partie de notre histoire, à notre tribune où tant de voix illustres ont défendu les plus nobles causes, et qui retiendra désormais l'écho de la vôtre. Cette visite évoque en nos âmes le souvenir d'un autre séjour mémorable : celui de Benjamin Franklin, à la veille de la Révolution française. Il s'agissait alors, pour vos pères et pour les nôtres, de fonder un ordre nouveau : il s'agit, aujourd'hui encore, en étendant leurs principes et leurs conquêtes, de fonder un ordre nouveau. Ce que la France acclame en vous, ce n'est pas seulement le chef d'une démocratie libre, le descendant de ces admirables fondateurs de la République américaine, qui portèrent de l'autre côté de l'Océan toute la fleur et tout le fruit de l'expérience politique anglo-saxonne, le successeur de George Washington et d'Abraham Lincoln, le grand citoyen qui, le jour où le devoir lui est apparu, suivant la volonté de sa nation, a jeté toute la force du Nouveau-Monde au service du droit; c'est la haute conscience qui, nourrie des maximes les plus pures de la morale, s'efforce de les faire pénétrer dans le gouvernement des hommes et dans les relations entre les peuples.

Vous voulez, et nous voulons comme vous, que de tant de douleur sorte plus de justice; que, de même que cette guerre n'a pas été une guerre comme les autres, la paix ne soit pas non plus une paix comme les autres; que des garanties soient prises contre le retour des forfaits qui ont été l'opprobre de la terre et que nul n'a stigmatisés avec plus de force que vous, garanties territoriales, militaires, économiques, financières protégeant les victimes de l'ambition allemande contre de perpétuelles alertes, garanties supérieures par le concert des peuples libres, avec des sanctions efficaces pour châtier les crimes contre le repos du monde et d'abord pour les prévenir.

L'autre jour, au Sénat, en cet émouvant discours, je devrais plutôt dire en cette effusion où jamais la France n'avait senti votre grand cœur si près du sien, vous disiez que notre peuple, malgré ses deuils innombrables, malgré les dévastations qui l'accablent, peut se dire en quelque sorte privilégié, parce qu'il a été la sentinelle de la Liberté. Et vous ajoutiez : « Ce qui est péril pour la France est menace pour le monde. »

Oui, à vos yeux, comme aux nôtres, la condition première, le fondement même de l'organisation nouvelle du monde, c'est une France mise définitivement à l'abri des provocations et des attaques. Nous qui, pendant quarante-quatre ans, avions fait silencieusement au maintien de la paix les plus douloureux sacrifices, nous savons par une expérience plusieurs fois séculaire que l'univers ne sera pas tranquille tant que les Allemands pourront accumuler à nos portes les moyens d'agression. Nous avons été trop souvent envahis pour ne pas veiller toujours. Les plus ardents pangermanistes furent les libéraux et les démocrates de 1848 ; le Parlement de Francfort fut le précurseur de Bismarck ; en 1914, toute l'Allemagne a voté les crédits de guerre, égorgé la Belgique et tenté d'assassiner la France. Ce serait un crime contre vos idées que de fermer les yeux aux orages qui les peuvent assaillir. L'oubli n'est pas seulement une insulte au passé, c'est une menace pour l'avenir, c'est une immoralité et une dépravation.

Mais à travers l'abîme de sang et de ténèbres encore entr'ouvert sous nos pas, nous voyons les clartés de l'avenir. Nous croyons que si l'Entente, au lieu de se former peu à peu sous la pression du péril, sous la nécessité du moment, au choc des batailles, avait pu instituer à l'avance le régime que les plénipotentiaires américains, ceux des puissances amies et les nôtres ayant à leur tête notre éminent représentant M. Léon Bourgeois, avaient essayé de réaliser aux conférences de La Haye, l'Allemagne n'aurait même pas pu songer à nous déclarer la guerre. Nous croyons que les trente États qui ont rompu avec elle doivent être le noyau de la Société future. Nous croyons enfin qu'il y aura place, dans cette discipline librement consentie, fondée sur l'accord des intérêts politiques, économiques et moraux, pour tous les peuples sincères : car il ne suffit pas de tracer des règles, il faut l'adhésion des consciences.

Quels que soient les difficultés et les obstacles, — nous ne saurions nous les dissimuler, mais ne disiez-vous pas un jour que l'honneur des êtres pensants est de les affronter et de les vaincre ? — l'avenir, n'en doutons pas, est à la justice. Autrefois, entre les individus, luttes sauvages, hasards de la violence et de la ruse ; aujourd'hui, règles de justice, codes de siècle en siècle toujours plus équitables, plus humains ; il en sera de même entre les grandes personnes morales qu'on appelle les nations, et il n'a dépendu d'aucun de nos alliés, d'aucun de nos amis, que cette œuvre de droit fût déjà beaucoup plus avancée.

Nous continuerons de toutes nos forces, de tout notre cœur à combattre les retours offensifs de la barbarie et à préparer l'humanité adulte. Le maintien de nos chères et illustres amitiés ne sera pas moins fécond dans la paix que dans la guerre. Nous n'oublierons rien, ni la vaillance de votre splendide jeunesse qui a mêlé son sang au nôtre, comme il y a cent quarante-quatre ans, ni la victoire du général Pershing et de ses soldats à Saint-Mihiel, ni l'inépuisable et exquise charité de vos femmes, ni votre noble figure, où nous aimons à retrouver les traits de cette grande civilisation américaine faite à la fois de génie pratique et entreprenant, de sagesse et d'idéal. Rien ne nous séparera. La France aime votre glorieuse patrie comme une sœur. Monsieur *le Président des États-Unis, avec Monsieur le Président de la République française, nous vous demandons de porter à l'Amérique le baiser de la France.*

« *L'émotion calmée, dit le* Temps (¹), *le Président Wilson, précédé par l'introducteur des ambassadeurs, se dirige vers la tribune dont il gravit les degrés lentement. C'est la première fois qu'on voyait un étranger, et en même temps le chef d'une des plus puissantes nations du monde, paraître à cette tribune, qui a été illustrée par tant d'orateurs et d'hommes d'État français.*

« *Au milieu d'un profond silence, le Président commence sa réponse prononcée en anglais. Pour l'écouter, l'Assemblée se tient debout. Les quatre Présidents font de même, se tenant au pied de la tribune pendant tout le temps que parle le Président des États-Unis. Souvent ils applaudissent en même temps que l'Assemblée tout entière.*

« *La voix de l'orateur, pleine et grave, se fait entendre aisément de toute la salle, qui l'écoute, recueillie. Sa taille élevée, élancée, le sert à la tribune, qu'il domine. Pas une hésitation dans le débit qui coule de source, pas de précipitation non plus : c'est une phrase solide qui se moule sur une pensée réfléchie. Le geste est rare, mais d'autant plus démonstratif. Tantôt le Président lève la main droite et tend l'index pour mieux souligner l'idée exprimée ; tantôt, les deux bras tendus vers l'auditoire, il étend sur lui ses mains largement ouvertes, comme s'il voulait faire descendre sur lui la vérité dont*

––––––––––––

(¹) Nº du 5 février 1919.

son esprit est pénétré. Ce n'est pas le tribun remuant la foule avec sa passion, ce n'est pas l'orateur la subjuguant avec sa fougue : c'est le penseur s'adressant à l'esprit des auditeurs plutôt qu'à leur sentiment, plus soucieux de les convaincre que de les entraîner, plus heureux s'il a pu persuader que s'il s'est fait applaudir, — c'est un exposé de haute doctrine plutôt qu'un plaidoyer. »

RÉPONSE DU PRÉSIDENT WILSON.

MONSIEUR LE PRÉSIDENT,

Je ressens très vivement l'insigne et extraordinaire honneur que vous me faites en m'admettant parmi vous dans ce lieu et en m'accordant le privilège de vous adresser la parole du haut de cette tribune historique. Je puis dire en vérité, Monsieur le Président, qu'à mesure que les jours succédaient aux jours, les semaines aux semaines, sur cette terre hospitalière de France, j'ai senti la sympathie devenir toujours plus profonde et il m'a paru que la marche des événements s'illuminait d'une singulière clarté.

Nous savions avant cette guerre que la France et l'Amérique étaient unies par des liens d'affection. Nous connaissions les circonstances qui ont poussé ces deux nations l'une vers l'autre durant ces années, qui nous paraissent maintenant si lointaines, du temps où le monde frémissait pour la première fois du désir d'émanciper le genre humain et où les soldats de la France, accourus au secours de la petite République américaine, l'aidèrent à faire face au péril et à proclamer l'une des premières victoires de la liberté. Cela nous ne l'avions jamais oublié ; mais la pleine signification de cet événement nous échappait. Cent ans et plus se sont écoulés et les fuseaux ont lentement tissé la trame de l'histoire. Nous n'en avions pas vu le dessin achevé, nous ne l'avions pas jusqu'ici clairement aperçu dans son ensemble. Or regardez maintenant ce qui est advenu. Dans ces jours si éloignés où la France vint au secours de l'Amérique, l'Amérique combattait contre la Grande-Bretagne et aujourd'hui l'Amérique est aussi étroitement attachée à la Grande-Bretagne qu'elle l'est à la France. Maintenant nous voyons comment ces fils de l'Histoire, en apparence divergents, se sont regroupés. Les nations qui jadis se sont affrontées dans les batailles sont maintenant épaule contre épaule et combattent un ennemi commun.

Bien du temps s'est écoulé avant que nous fût offert ce spectacle. C'est au cours des quatre dernières années qu'est survenu dans l'histoire de l'humanité un fait sans précédent, qui n'est rien de moins que ceci : des multitudes humaines séparées par l'océan, répandues sur toutes les parties du monde, ont pris pleinement conscience de leur fraternité dans la cause de la liberté.

Pendant ces mêmes années, comme nous l'avons répété bien des fois, la France se tenait debout à la frontière de la liberté. La ligne qu'elle défendait était celle-là même qui séparait le foyer de la liberté du

foyer du despotisme militaire. C'est elle que menaçait l'immédiat péril, c'est elle qui vivait dans une
angoisse constante, c'est à elle que s'imposait comme
une pressante nécessité le devoir de se préparer à la
lutte, en se demandant sans cesse : « Si le choc se
produit, qui viendra à mon secours ? »

Or sa question reçut la réponse la plus inattendue.
Ses alliés accoururent à son aide, mais aussi beaucoup d'autres que ses alliés : tous les peuples libres
du monde se rangèrent à ses côtés. C'est ainsi que
l'Amérique a payé sa dette de gratitude à la France
en envoyant ses fils combattre sur la terre française.
Elle a fait davantage. Elle a contribué à grouper les
forces de l'univers afin que désormais la France n'ait
plus jamais à souffrir de son isolement, à craindre
que le danger ne retombe sur elle toute seule, à se
demander d'où viendra le secours.

Car la France se trouve devant une redoutable alternative. Je n'ai pas besoin de vous faire remarquer
qu'en Europe, à l'est de votre patrie, l'avenir est
gros de problèmes. Au delà du Rhin, sur toute l'étendue de l'Allemagne, de la Pologne, de la Russie, en
Asie même, les problèmes surgissent, qui n'ont pas
été résolus, qui peut-être ne comportent pas actuellement de solution. La France continue donc de
monter la garde sur la frontière, elle demeure face
à face avec ces problèmes menaçants et non résolus,
menaçants parce qu'on ne les résout pas ; elle attend
la solution de questions qui l'affectent directement,
profondément, constamment. Or si seule elle sur-
veille l'horizon, que doit-elle faire, de toute néces-

sité ? Elle doit perpétuellement écraser son peuple d'impôts, elle doit se soumettre à des sacrifices qui risquent de devenir intolérables.

Et non seulement la France est dans cette nécessité, mais encore toutes les autres nations du monde. Elles doivent se tenir prêtes à supporter le choc terrible d'une attaque injuste. Car l'éventualité peut se réaliser.

J'ai visité l'autre jour une partie des régions dévastées de la France. J'ai vu la noble cité de Reims en ruines et je n'ai pu m'empêcher de me dire à moi-même : « Si le coup a frappé cette ville, c'est parce que les dirigeants du monde n'ont pas vu assez tôt comment le prévenir. » Les dirigeants du monde ont toujours pensé aux relations entre les Gouvernements et ils ont oublié les relations entre les peuples. Ils ont été préoccupés des manœuvres, des combinaisons internationales, quand ils auraient dû songer aux destinées de tous les êtres humains, à la protection des foyers, se soucier de procurer à leurs peuples ce bonheur qui provient de la sécurité. Ils savent maintenant que pour obtenir ce résultat il n'est qu'un moyen : chacun doit être parfaitement assuré que ce qui s'est produit une fois ne se produira pas toujours, qu'on ne reverra pas les tergiversations, les atermoiements, les délais, que si une libre nation est menacée, que ce soit la France ou une autre, le monde se dressera aussitôt pour défendre sa liberté.

C'est pour cette raison, j'imagine, que je constate en France pour la Société des nations un enthou-

siasme si chaleureux et tant de compréhension, —
dans cette France dont la vision est si pénétrante,
si prophétique. Cette Société des nations n'est pas
exigée par la seule situation de la France, mais par
celle de toute l'humanité. Et la France sait que les
sacrifices nécessaires pour établir la Société des nations ne sont pas comparables à ceux que coûterait
la crainte perpétuelle d'une autre catastrophe s'abat-
tant sur ses splendides cités et sur ses campagnes.
Il n'y avait pas de plus beau pays, il n'y avait pas de
pays plus prospère, il n'y avait pas de peuple animé
d'un plus ardent amour de la liberté. Le monde entier admirait la France et personne ne la jalousait
pour sa grandeur et sa prospérité, sinon ceux qui en
voulaient à sa liberté. Une leçon qui nous profitera,
si effroyable qu'en ait été le prix, se dégage de ce
que nous avons pu voir de nos yeux, de ce spectacle
auquel nous avons assisté parce que l'injustice s'est
déchaînée. Le Président de la Chambre a dépeint,
mieux que je ne saurais faire, les souffrances inouïes,
la terrible tragédie de la France. C'est une tragédie
qui ne doit pas se revoir. Quand le dessin que tis-
saient les événements s'est révélé, il a fait apparaître
cette sympathie qui aujourd'hui rapproche les cœurs
des hommes. La fraternité est devenue agissante. Le
désir de s'associer se manifeste avec évidence. Les
nations du monde entier sont sur le point de cimenter une fraternité qui rendra dans l'avenir inutile de
maintenir ces armements écrasants qui causent aux
peuples, en pleine paix, des souffrances presque
aussi cruelles que celles de la guerre.

Quand les soldats d'Amérique ont traversé l'océan, ils n'ont pas seulement avec eux apporté leurs armes. Avec eux ils apportaient une conception de la France qui enflammait leur ardeur. Au moment de débarquer sur le sol de France, leur cœur battait plus fort. Ils savaient qu'ils venaient pour accomplir une tâche que l'âme de l'Amérique souhaitait depuis longtemps d'accomplir. Lorsque le général Pershing, au pied de la tombe de La Fayette, a dit : « La Fayette, nous voici ! », ce fut comme s'il avait dit : « La Fayette, voici la conclusion de cette grande histoire dont tu nous as aidés à écrire le premier chapitre. »

Le monde a vu le grand complot faire faillite et maintenant le peuple de France peut demeurer certain que sa prospérité est garantie, parce que ses foyers sont garantis, parce qu'en tout lieu les hommes non seulement souhaitent la sécurité et la prospérité de la France, mais encore sont prêts à lui affirmer, qu'avec toute la force et toute la richesse dont ils disposent, ils sauvegarderont sa sécurité et son intégrité.

Aussi quand nous siégeons, jour après jour, au quai d'Orsay, je pense en moi-même que, si nous parvenions à nous faire entendre de tous les peuples libres de l'univers, nous pourrions emprunter le langage du général Pershing et leur dire : « Nous voici, amis, hommes, humbles femmes, petits enfants ; nous sommes ici vos amis, vos champions, vos représentants. Nous sommes venus pour préparer un monde où la vie sera bonne, où tous les pays pourront jouir de l'héritage de liberté que la France, l'Amérique, l'Angleterre et l'Italie ont si chèrement payé([1]). »

([1]) Nous traduisons ce discours d'après le texte publié par le *New York Times* du 5 février 1919, d'ailleurs semblable à celui de plusieurs autres journaux américains mis à notre disposition par la « Maison de la presse ». La traduction parue dans les journaux français du 4 février est fort inexacte. L'*Officiel* du 8 février reproduit cette traduction un peu amendée, en y laissant subsister cependant une longue phrase incompréhensible et plusieurs autres taches. Il paraît du reste certain que l'auteur de cette traduction n'a pas eu sous les yeux un texte de tout point identique au nôtre.

LXVIII

Lettre du Président Wilson a l'Association française pour la Société des nations, publiée le
4 février 1919.

J'apprécie très profondément ce que M. X... a dit,
et comme je le comprends, il a l'amabilité de
proposer que quelque temps après mon retour(¹)
nous organisions une réunion publique au cours de
laquelle, j'en ai la conviction, ainsi que lui, je crois
que nous pourrons célébrer l'achèyement, ou en tout
cas la mise au point très avancée, de l'œuvre dont
nous avons espéré la consommation et à laquelle
nous avons travaillé depuis très longtemps. Si cela
peut s'arranger, ce sera une chose très heureuse.
Quant à moi, je ne puis dire qu'une chose : c'est que
je l'espère sincèrement. Je désirerais prêter toute
mon assistance à une si heureuse fin.

Je ne peux m'empêcher de penser aux nombreux
miracles qui ont été opérés par cette guerre, des miracles de compréhension de notre interdépendance

---

(¹) Le Président devait repartir le 15 février pour l'Amérique et se
proposait de revenir en France vers le milieu de mars.

en tant que nations ou en tant qu'êtres humains ; des miracles en ce qui concerne les obstacles, qui paraissaient énormes et qui sont maintenant devenus petits, sur la voie d'une coopération active et organisée des nations pour l'établissement et le maintien de la justice.

Les pensées des peuples ayant été réunies, il s'est déjà créé une force qui est non seulement très grande, mais qui est formidable, une force qui peut rapidement être mobilisée, une force qui est très efficace lorsqu'elle est mobilisée, une force qui se nomme la force morale du monde.

Un des avantages de nos réunions et de nos conversations est de découvrir qu'après tout nous pensons tous de la même façon. Il se peut que nous essayions d'exprimer le résultat de la chose en des formes différentes, mais nous partons des mêmes principes.

On a souvent pensé de moi que j'étais un homme plus intéressé aux principes qu'à la mise en pratique, tandis qu'en réalité, je puis dire que dans un sens les principes ne m'ont jamais intéressé ; car les principes font leur preuve dès qu'ils sont établis. Ils n'ont pas besoin d'être discutés. Ce qui est difficile et intéressant est leur mise en pratique. De longs entretiens sur les principes ne sont pas possibles, tandis que de longs entretiens sont nécessaires sur la question de leur réalisation. Si bien qu'après tout, les principes, tant qu'ils ne sont pas mis en pratique, sont de peu de consistance et abstraits et sont, je puis ajouter, peu intéressants.

Il n'est pas intéressant d'avoir des visions lointaines, mais il est très intéressant d'avoir de proches
visions de ce qu'il est possible d'accomplir, et dans
une réunion telle que celle que vous projetez, nous
pourrons peut-être constater le succès que nous aurons alors obtenu en mettant en pratique un grand
principe et en démontrant qu'il peut être mis en
pratique, bien qu'il y a seulement cinq ans, par
exemple, c'était considéré comme un rêve irréali-
sable.

Je me ferai un plaisir de coopérer, sitôt que je
serai de retour, aux projets que vous me formulerez,
et je vous remercie chaleureusement du compliment
que vous m'avez fait en me rendant visite personnellement (¹).

(¹) Nous n'avons pu nous procurer le texte anglais de cette lettre. Nous
publions la traduction qu'ont donnée les journaux de Paris du 4 février
1919, sans en garantir l'exactitude.

LXIX

Discours prononcé par le Président Wilson pour présenter a la Conférence des préliminaires de paix le texte du projet de Convention (Covenant), élaboré par la Commission de la Ligue des nations. — 14 février 1919 ([1]).

Monsieur le Président,

J'ai l'honneur et le grand privilège de vous présenter, au nom de la Commission désignée par cette Conférence, le texte d'un projet pour instituer la Ligue des nations ([2]). Je suis heureux de déclarer

---

([1]) Ce discours a été plusieurs fois interrompu par la lecture des articles de la Convention (Covenant). A cause de la part prise par le Président à la rédaction de ces articles, nous croyons devoir les citer à côté des commentaires que leur fournit ce discours. Nous traduisons ce discours d'après le texte du *Times* du 15 février 1919. Mais pour les articles de la Convention nous avons utilisé des documents dont nous devons la communication à MM. Larnaude, Doyen, et à M. de Lapradelle, Professeur de la Faculté de Droit de Paris.

([2]) Quarante-quatre fois le Président Wilson a prononcé « League of nations » et le texte officiel français traduit quarante-quatre fois « Société des nations ». C'est une inexactitude fâcheuse, comme l'a signalé M. Gauvain dans les *Débats* du 16 février. L'expression « Société des nations », que le Président Wilson n'emploie presque jamais, a provoqué de

que ce projet a été unanimement adopté par les quatorze nations représentées dans la Commission, par les États-Unis, la Grande-Bretagne, la France, l'Italie, le Japon, la Belgique, le Brésil, la Chine, la République tchéco-slovaque, la Grèce, la Pologne, le Portugal, la Roumanie et la Serbie. Je crois ce projet intéressant et utile et je demande la permission de lire ce document qui constitue le seul rapport que nous ayons à vous soumettre.

CONVENTION

PRÉAMBULE

En vue de favoriser la collaboration des nations et de leur assurer entre elles la paix et la sécurité par l'engagement de ne pas recourir à la guerre, l'établissement de relations ouvertes, justes, honorables entre les peuples, l'affirmation expresse que les prescriptions du droit international constituent

multiples malentendus et de très légitimes défiances. Il ne s'agit pas de fondre les diverses nations en une même « Société », de leur superposer une autorité qui les rabaisserait au rang de simples provinces d'un sur-État. De même nous croyons devoir nous écarter de la traduction officielle quand elle traduit « Covenant » par « pacte ». Il s'agit d'une « convention » solennelle qui n'a pas le caractère des engagements auxquels s'applique d'ordinaire le mot « pacte ». Le mot « Covenant » a été déjà employé par le Président dans le Message du 8 janvier 1918 où il énonce quatorze conditions de la paix (Cf. *supra*, p. 237 et suiv.). Ce terme évoque une idée religieuse, à cause du célèbre Covenant conclu en Écosse à la fin du seizième siècle pour défendre le presbytérianisme national contre l'anglicanisme et le papisme. Dans son discours à Manchester, quelques jours avant l'ouverture de la Conférence, le Président avait dit qu'il désirait marcher sur les traces de ses ancêtres « Covenantaires » (Cf. p. 377).

la règle de conduite effective des Gouvernements, le maintien de la justice et le scrupuleux respect des traités dans les rapports réciproques des peuples organisés,

Les Puissances signataires de la présente Convention adoptent cette constitution de la Ligue des nations :

ARTICLE PREMIER.

L'action des hautes parties contractantes, aux termes de la présente Convention, se réalise par le moyen de sessions d'une Assemblée de délégués, représentant les hautes parties contractantes, de sessions plus fréquentes d'un Conseil exécutif et d'un Secrétariat international établi, d'une manière permanente, au siège de la Ligue.

ART. II.

Les sessions de l'Assemblée des délégués se tiendront à des intervalles déterminés, et de temps à autre, quand les circonstances le réclameront, pour traiter des questions qui rentrent dans la sphère d'activité de la Ligue.

L'Assemblée des délégués se réunira au siège de la Ligue ou en tel autre endroit qui sera jugé convenable. Elle se composera des représentants des hautes parties contractantes. Chacune des hautes parties contractantes disposera d'une voix, mais pourra compter jusqu'à trois représentants.

Art. III.

Le Conseil exécutif se composera de représentants
des États-Unis d'Amérique, de l'Empire britannique,
de la France, de l'Italie et du Japon, ainsi que de
représentants de quatre autres États membres de la
Ligue. La désignation de ces quatre États sera faite
par l'Assemblée des délégués, suivant les principes
et les conditions qu'elle jugera convenable. Jusqu'à
cette désignation, les représentants de... et de...
seront membres du Conseil exécutif.

Le Conseil exécutif se réunira de temps à autre,
quand les circonstances le réclameront, et au moins
une fois par an, au lieu qui sera désigné, ou à défaut
d'une telle désignation, au siège de la Ligue, pour
traiter toutes questions rentrant dans la sphère d'activité de la Ligue ou intéressant la paix du monde.

Toute Puissance, dont les intérêts se trouveraient
directement affectés par une question mise à l'ordre
du jour d'une session du Conseil exécutif, sera invitée à assister à cette session et la décision prise
ne liera cette Puissance que si elle a été ainsi invitée.

Art. IV.

Toutes questions concernant la procédure à suivre
par l'Assemblée des délégués ou le Conseil exécutif
dans leurs sessions, y compris la constitution des
commissions chargées d'enquêter sur des cas parti-

culiers, seront décidées par l'Assemblée ou le Conseil exécutif à la majorité des États représentés à la réunion.

La première session de l'Assemblée des délégués et du Comité exécutif aura lieu sur la convocation du Président des États-Unis d'Amérique.

Art. V.

Le Secrétariat permanent de la Ligue sera établi à... Cette ville sera le siège de la Ligue.

Le Secrétariat comprendra les secrétaires et le personnel nécessaires, sous la direction et le contrôle d'un Secrétaire général qui sera choisi par le Conseil exécutif.

Le Secrétariat sera nommé par le Secrétaire général, sauf approbation du Conseil exécutif.

Le Secrétaire général assistera en cette qualité à toutes les sessions de l'Assemblée des délégués ou du Conseil exécutif.

Les dépenses du Secrétariat seront supportées par les États membres de la Ligue dans la proportion établie pour le Bureau international de l'Union postale universelle.

Art. VI.

Les représentants des hautes parties contractantes et les fonctionnaires de la Ligue jouiront, dans l'exercice de leurs fonctions, des privilèges et immunités diplomatiques.

Les locaux occupés par la Ligue, ses fonctionnaires
ou les représentants assistant aux sessions, jouiront
du bénéfice de l'exterritorialité.

Art. VII.

L'admission, dans la Ligue, d'États qui ne sont
pas signataires de la présente Convention, ni nom-
més dans le protocole ci-annexé parmi ceux qui doivent être invités à lui donner leur adhésion, ne peut
se faire sans l'assentiment des deux tiers au moins
des États représentés dans l'Assemblée des délégués.
Seuls pourront être admis les pays de *self govern-
ment* total, ce qui comprend les Dominions et les
colonies.

Aucune nation d'ailleurs ne pourra être admise si
elle n'est pas en mesure de donner des garanties
effectives de son intention loyale d'observer les obligations internationales et si elle ne se conforme pas
aux principes que la Ligue pourra établir, en ce qui
concerne ses forces et armements militaires et navals.

Art. VIII.

Les hautes parties contractantes reconnaissent ce
principe que le maintien de la paix nécessite la réduction des armements nationaux au minimum com-
patible avec l'exécution par l'action commune des
obligations internationales et avec la sécurité nationale, en tenant spécialement compte de la situation

géographique et des conditions particulières de chaque État. Le Conseil exécutif est chargé d'établir le plan de cette réduction. Il devra également soumettre à l'examen de chacun des gouvernements la juste et raisonnable fixation des armements militaires, correspondant à l'échelle des forces établie par le programme de désarmement ; les limites, une fois adoptées, ne devront pas être dépassées sans l'autorisation du Conseil exécutif.

Les hautes parties contractantes, s'accordant à reconnaître que la fabrication privée des munitions et articles de guerre prête à de graves objections, chargent le Conseil exécutif d'aviser à la manière dont les pernicieux effets qui en résultent peuvent être arrêtés (en tenant compte à cet égard des nécessités des pays qui ne sont pas en mesure de fabriquer eux-mêmes les munitions et articles de guerre nécessaires à leur sûreté).

Les hautes parties contractantes s'engagent, en outre, à ne se rien cacher mutuellement de la condition de leurs industries susceptibles de s'adapter à la guerre ainsi que de l'échelle de leurs armements, et à faire plein et franc échange d'informations sur leurs programmes militaires et navals.

Art. IX.

Une Commission permanente sera constituée pour donner à la Ligue son avis sur l'exécution des prescriptions de l'article VIII et, d'une façon générale, sur les questions militaires et navales.

Art. X.

Les hautes parties contractantes s'engagent à respecter et à préserver contre toute agression extérieure l'intégrité territoriale et l'indépendance politique de tous les États adhérents à la Ligue. En cas d'agression, de menace ou de danger d'agression, le Conseil exécutif avisera aux moyens propres à assurer l'exécution de cette obligation.

Art. XI.

Toute guerre ou menace de guerre, qu'elle affecte immédiatement ou non l'une des hautes parties contractantes, sera considérée comme intéressant la Ligue, et les hautes parties contractantes se réservent le droit de prendre toute mesure qui leur paraîtra sage et efficace pour la sauvegarde de la paix des nations.

Les hautes parties contractantes s'accordent également à déclarer formellement que chacune a le droit d'attirer amicalement l'attention de l'Assemblée des délégués ou du Conseil exécutif sur quelque circonstance que ce soit qui, dans l'ordre des relations internationales, menacerait de troubler la paix du monde et la bonne entente entre les nations dont cette paix dépend.

Art. XII.

Les hautes parties contractantes conviennent que

s'il venait à s'élever entre elles des différends qui
n'auraient pu se régler par les procédés ordinaires
de la diplomatie, elles ne devront en aucun cas recourir à la guerre, sans avoir préalablement soumis
les éléments du différend à une enquête, confiée au
Conseil exécutif, ou à un arbitrage.

De plus, elles devront attendre trois mois après la
recommandation du Conseil exécutif ou la sentence
des arbitres. Même alors elles ne devront jamais recourir à la guerre contre un membre de la Ligue
qui se conformera à la sentence des arbitres ou à la
recommandation du Conseil exécutif.

Dans tous les cas prévus par cet article, la sentence
des arbitres sera rendue dans un délai raisonnable
et la recommandation du Conseil exécutif intervien-
dra dans les six mois du jour où il aura été saisi du
litige.

Art. XIII.

Les hautes parties contractantes conviennent que
toutes les fois qu'il s'élèvera entre elles un différend
susceptible, à leur commune estimation, de solution
arbitrale, après avoir sans succès tenté de le régler
par la voie diplomatique, elles soumettront dans sa
totalité la question à l'arbitrage. La cour d'arbitrage,
à laquelle, à cette fin, l'affaire sera soumise, sera
déterminée par les parties, soit qu'elles la choisissent
alors, soit qu'elles l'aient prévue dans une convention préexistante.

Les hautes parties contractantes conviennent d'exé-

cuter en toute bonne foi la sentence arbitrale rendue.
Faute d'exécution de la sentence, le Conseil exécutif
proposera les mesures qui peuvent le mieux en assurer l'exécution.

Art. XIV.

Le Conseil exécutif arrêtera le plan de création
d'une Cour permanente de justice internationale :
cette Cour, dès son établissement, aura compétence
pour entendre et juger toute question que les parties
s'accorderont à considérer comme susceptible d'être
arbitrée par elle aux termes du précédent article.

Art. XV.

S'il s'élevait entre les États membres de la Ligue
quelque différend susceptible d'entraîner une rupture, et qui n'ait pas été soumis à l'arbitrage selon
la procédure sus-indiquée (¹), les hautes parties contractantes conviennent de porter la question devant
le Conseil exécutif : l'une ou l'autre partie donne avis
de l'existence du différend au Secrétaire général qui
prend tous arrangements nécessaires en vue d'une
enquête et d'un examen complets. A cet effet, les
parties conviennent de communiquer au Secrétaire
général, aussi promptement que possible, l'exposé

______

(¹) La traduction officielle porte : « et qui ne puisse, comme ci-dessus,
être soumis à l'arbitrage ». Cette traduction est équivoque. On pourrait
entendre qu'il y a des différends qui par leur nature ne sont pas susceptibles d'être soumis à un arbitrage. Le texte anglais (which is not sub-
mitted) exclut cette équivoque. Il s'agit probablement du cas où l'une des
parties aurait refusé l'arbitrage.

de leur cas, avec tous documents et pièces justifica-
tives, dont le Conseil exécutif peut immédiatement
ordonner la publication.

Quand les efforts du Conseil assurent le règlement,
un exposé doit être publié pour indiquer la nature
du différend et les termes du règlement, avec toutes
explications convenables. Si le différend n'a pu être
réglé, le Conseil doit publier un rapport, donnant
avec tous les faits nécessaires la recommandation que
le Conseil estime juste et propre au règlement. Si le
rapport obtient l'agrément unanime des membres du
Conseil autres que les parties, les hautes parties
contractantes conviennent qu'elles n'entreront pas
en guerre avec toute partie qui se conforme à la recommandation, et qu'en cas de refus, le Conseil proposera les mesures nécessaires pour assurer l'exécution de sa recommandation. Si l'unanimité ne peut
s'obtenir, la majorité aura le devoir, et la minorité le
privilège de publier des exposés indiquant ce que
l'une et l'autre croient être la réalité des faits et contenant les recommandations que l'une et l'autre considèrent comme justes et utiles.

*Ici le Président a interrompu sa lecture pour ajouter
le commentaire suivant :*
Je m'interromps ici pour signaler qu'on pourrait
se méprendre sur le sens d'une phrase que je viens
de lire : « En cas de refus de l'une des parties, le
Conseil proposera les mesures nécessaires pour assurer l'exécution de sa recommandation. » Le cas,
purement hypothétique, qui est ici visé est celui-ci.

Supposons qu'une Puissance particulière détienne un territoire ou tel autre bien matériel contesté et auquel on prétend qu'elle n'a pas droit. Supposons que le différend soit soumis au Conseil exécutif pour obtenir une recommandation qui résoudrait le conflit, les moyens diplomatiques ayant échoué, et que la décision soit favorable à la partie qui a élevé la réclamation, défavorable à celle qui détient le bien en litige. En ce cas, si la partie qui détient le bien contesté demeure inerte et ne fait rien, elle accepte la décision du Conseil en ce sens qu'elle n'oppose aucune résistance, et pourtant il faut bien prendre des mesures pour qu'elle restitue le bien en litige. En pareil cas, le seul cas qui soit ici visé, il est stipulé que le Conseil exécutif examinera les mesures nécessaires pour obliger la partie contre laquelle une sentence a été rendue à se soumettre à la décision du Conseil.

Suite de l'article XV :

Le Conseil exécutif peut, dans tous les cas prévus au présent article, porter le différend à l'Assemblée des délégués, à la requête de l'une ou l'autre des parties, pourvu que cette requête intervienne dans les quatorze jours de la soumission du différend au Conseil. Dans tous les cas soumis à l'Assemblée des délégués, toutes les dispositions du présent article et de l'article XII relatives à l'action et au pouvoir du Conseil exécutif s'appliqueront à l'action et au pouvoir de l'Assemblée des délégués.

Art. XVI.

Au cas où l'une des parties contractantes romprait ou méconnaîtrait les engagements pris par elle à l'article XII, elle sera *ipso facto* considérée comme ayant commis un acte de guerre contre tous les autres membres de la Ligue ; ceux-ci s'engagent à la soumettre immédiatement à la rupture de toutes relations commerciales ou financières, à la prohibition de tous rapports entre ses nationaux et ceux de l'État qui a rompu la Convention, et à l'interdiction de toutes communications financières, commerciales ou personnelles entre les nationaux de l'État qui a rompu la Convention et les nationaux de tout autre État, membre ou non de la Ligue.

En ce cas, il sera du devoir du Conseil exécutif d'indiquer par quels effectifs, militaires ou navals, les membres de la Ligue devront respectivement contribuer aux forces armées qui seront employées pour faire respecter les conventions de la Ligue ([1]). Les hautes parties contractantes conviennent, en outre, de se prêter l'une à l'autre un mutuel appui dans l'application des mesures financières et économiques à prendre en vertu du présent article pour

---

[1] Ici et à la fin du paragraphe, la traduction officielle porte : « pour protéger les signataires du Pacte social. » On pourrait faire des réserves sur l'expression « Pacte social », à laquelle une tradition historique qui date de J.-J. Rousseau donne un sens très spécial. Mais de plus le texte anglais porte « covenants », et non « covenanter » ou « covenanted ». C'est la « Convention » qu'il faut faire respecter, même si les signataires n'étaient pas directement menacés par l'État qui a violé ses engagements.

réduire au minimum les pertes et inconvénients qui en résulteront. Elles se prêteront également l'une à l'autre un mutuel appui dans la résistance à toutes mesures spéciales dirigées contre l'une d'entre elles par l'État qui a rompu la Convention. Enfin, elles accorderont passage par leur territoire aux forces de toutes les hautes parties contractantes dont la coopération fera respecter les conventions de la Ligue.

Art. XVII.

En cas de différend entre un État membre de la Ligue et un État non membre, ou entre États qui ne sont pas membres, les hautes parties contractantes conviennent que l'État ou les États non membres de la Ligue seront invités à accepter les obligations de membres de la Ligue aux fins du litige, aux conditions estimées justes par le Conseil exécutif. Si elles défèrent à cette invitation, les dispositions qui précèdent leur seront applicables, sous réserve des modifications jugées nécessaires par la Ligue.

Dès l'envoi de cette invitation, le Conseil exécutif ouvre une enquête sur les faits et arguments du différend. Il conseille telle action qui lui semblera la meilleure et la plus efficace en la circonstance. Si la Puissance ainsi invitée refuse d'accepter les obligations de membre de la Ligue aux fins du différend, et procède, contre un État membre de la Ligue, à un acte qui, émané d'un État membre, constituerait une violation de l'article XII, les dispositions de l'article XVI s'appliqueront à cette Puissance.

Si les deux parties ainsi invitées refusent d'accepter les obligations de membre de la Ligue aux fins du différend, le Conseil exécutif peut prendre toute action et faire toute recommandation de nature à prévenir les hostilités et à assurer le règlement.

ART. XVIII.

Les hautes parties contractantes sont d'accord pour confier à la Ligue le contrôle général du commerce des armes et munitions avec les pays où le contrôle de ce trafic est une nécessité d'intérêt commun.

Ici le Président a interrompu sa lecture du projet de Convention pour dire :

Avant de donner lecture de l'article XIX, je tiens à déclarer qu'il a été introduit dans ce texte après avoir fait l'objet d'un examen très sérieux de la part des représentants des cinq grandes Puissances et qu'il exprime leur conclusion unanime :

ART. XIX.

Les principes suivants s'appliquent aux colonies et territoires qui, à la suite de la guerre, ont cessé d'être sous la souveraineté des États qui les gouvernaient précédemment et qui sont habités par des peuples non encore capables de se diriger eux-mêmes dans les conditions particulièrement difficiles du monde moderne. Le bien-être et le développement de ces peuples forment une mission sacrée de civilisation, et il convient, en constituant la Ligue des nations, d'y incorporer des gages pour l'accomplissement de cette mission.

La meilleure méthode de réaliser pratiquement ce principe est de confier la tutelle de ces peuples aux nations développées qui, en raison de leurs ressources, de leur expérience ou de leur position géographique, sont le mieux à même d'assumer cette responsabilité : elles exerceraient cette tutelle en qualité de mandataires et au nom de la Ligue des nations.

Le caractère du mandat doit différer suivant le degré du développement du peuple, la situation géographique du territoire, ses conditions économiques et toutes autres circonstances analogues.

Certaines communautés, qui appartenaient autrefois à l'Empire ottoman, ont atteint un degré de développement tel que leur existence comme nations indépendantes peut être reconnue provisoirement, à la condition que les conseils et l'aide d'une Puissance mandataire guident leur administration jusqu'au moment où elles seront capables de se conduire seules. Les vœux de ces communautés doivent être pris en première considération pour le choix de la Puissance mandataire.

Le degré de développement où se trouvent d'autres peuples, spécialement ceux de l'Afrique centrale, exige que le mandataire y assume l'administration du territoire à des conditions qui garantiront, avec la prohibition d'abus, tels que la traite des esclaves, le trafic des armes et celui de l'alcool, la liberté de

conscience et de religion, sans autres limitations que
celles que peut imposer le maintien de l'ordre public
et des mœurs, et l'interdiction d'établir des fortifica-
tions ou des bases militaires ou navales et de donner aux indigènes une instruction militaire, si ce
n'est pour la police ou la défense du territoire, et
qui assureront également aux autres membres de la
Ligue des nations des conditions d'égalité pour les
échanges et le commerce.

Enfin, il y a des territoires, tels que le sud-ouest
africain et certaines îles du Pacifique austral qui,
par suite de la faible densité de leur population, de
leur superficie restreinte, de leur éloignement des
centres de civilisation, de contiguïté géographique à
l'État mandataire, ou d'autres circonstances, ne sauraient être mieux administrés que sous les lois de
l'État mandataire, comme une partie intégrante de
cet État, sous réserve des garanties prévues plus
haut dans l'intérêt de la population indigène.

Dans tous les cas, l'État mandataire devra envoyer
à la Ligue des nations un rapport annuel concernant
les territoires commis à sa charge.

Si le degré d'autorité, de contrôle ou d'administration à exercer par l'État mandataire n'a pas fait
l'objet d'une convention antérieure entre les hautes
parties contractantes, il sera expressément déterminé
par le Conseil exécutif dans un acte spécial ou une
charte particulière.

Les hautes parties contractantes sont d'accord
pour instituer au siège de la Ligue une commission
chargée de recevoir et d'examiner les rapports an-

nuels des Puissances mandataires et d'aider la Ligue
à l'observation des stipulations de tous les mandats.

Art. XX.

Les hautes parties contractantes s'efforceront d'établir et maintenir des conditions de travail équitables
et humaines pour l'homme, la femme et l'enfant, tant
sur leurs territoires que sur ceux auxquels s'éten-
dent leurs relations de commerce et d'industrie.

A cet effet, elles sont d'accord pour instituer un
Bureau permanent du Travail, qui formera partie
intégrante de l'organisation de la Ligue.

Art. XXI.

Les hautes parties contractantes sont d'accord pour
déclarer que des dispositions seront prises, par l'entremise de la Ligue, pour garantir et maintenir la
liberté du transit et l'équitable traitement du commerce de tous les États membres de la Ligue. Elles
entendent notamment que des arrangements spéciaux peuvent être pris pour répondre aux besoins
des régions dévastées pendant la guerre de 1914-
1918.

Art. XXII.

Les hautes parties contractantes conviennent de
placer sous le contrôle de la Ligue tous les bureaux
internationaux antérieurement établis par traités col-

lectifs, si les signataires de ces traités y consentent. En outre, elles conviennent que tous ceux qui se créeront ultérieurement seront placés sous le contrôle de la Ligue.

Art. XXIII.

Les hautes parties contractantes conviennent que tout traité ou engagement international, que viendrait à conclure un État membre de la Ligue, sera immédiatement enregistré par le Secrétaire général, qui le publiera aussitôt que possible : nul traité, nul engagement international ne sera obligatoire avant cet enregistrement.

Art. XXIV.

L'Assemblée des délégués aura le droit, de temps à autre, d'inviter les États membres de la Ligue à procéder à un nouvel examen des traités devenus inapplicables et des conditions internationales dont le maintien pourrait mettre en péril la paix du monde.

Art. XXV.

Les hautes parties contractantes conviennent respectivement que, par la présente Convention, elles entendent abroger toutes obligations *inter se* qui sont incompatibles avec ses termes. Elles s'engagent solennellement à ne pas conclure, par la suite, de contrat incompatible avec les termes de la Convention.

Au cas où une Puissance, signataire dès l'origine, ou ultérieurement entrée dans la Ligue, aurait, avant de devenir partie à la présente Convention, assumé des obligations incompatibles avec ses termes, elle aura le devoir de prendre immédiatement les mesures de nature à la dégager de ses obligations.

Art. XXVI.

Les amendements à la présente Convention entreront en vigueur après ratification par les États dont les représentants composent le Conseil exécutif et par les trois quarts des États dont les représentants composent l'Assemblée des délégués.

Après cette lecture du texte de la Convention, le Président a conclu en ces termes :

Je suis heureux d'ajouter, après avoir lu ce texte officiel qui résume nos travaux, que les discussions au cours des séances de la Commission non seulement témoignaient d'une ferme intention d'aboutir, mais encore revêtaient un caractère des plus encourageants. S'il s'est présenté des problèmes au sujet desquels des divergences d'opinions individuelles se manifestaient, lorsqu'il s'agissait des méthodes, on a vu clairement, pendant toute la durée de ces discussions, qu'il n'existait en somme aucune différence marquée lorsqu'il s'agissait de l'objet à atteindre. Sans doute ces débats n'offraient point l'occasion de démonstrations enthousiastes ou d'effusions, mais je crois que les autres membres de la Commission reconnaîtront avec moi qu'on devinait au-dessous de nos discussions une haute résolution et une foi en l'œuvre que nous avions entreprise, foi qui s'affermissait davantage à chacune de nos séances.

Nous sentions en effet que la Conférence nous avait, peut-on dire, confié la mission de formuler l'un de ses plus hauts, de ses plus importants desseins, qu'elle comptait sur nous pour faire disparaître toute espèce de doute sur la volonté commune des nations de faire régner la justice dans l'avenir, pour assurer le maintien de la paix grâce à la coopération des nations, d'une paix fondée sur l'honneur et sur la stricte observation des obligations internationales. La conscience d'un tel devoir n'a jamais cessé de nous diriger et à aucun moment ne s'est manifesté le moindre désir de s'écarter du but ; toutes les suggestions ne tendaient qu'à découvrir la meilleure méthode pour s'acquitter d'une noble tâche. Il est donc très significatif que le résultat ait obtenu l'approbation unanime. Quatorze nations étaient représentées : parmi elles les cinq Puissances que, pour la commodité du discours, nous appelons les grandes Puissances et, en dehors de celles-ci, d'autres nations représentant une très grande variété de situations et d'intérêts. Je crois donc pouvoir dire que cette commission issue de cette grande Conférence était vraiment représentative. Le résultat a, par conséquent, la plus profonde signification, il prouve l'accord des volontés à propos d'une tâche commune, un accord irrésistible et auquel, j'ose le dire, aucune nation ne voudra courir le risque de s'opposer.

Tel est le caractère de ce document. Si la lecture de ce texte exige un peu de temps, le projet, en somme, est fort simple et surtout il prévoit une organisation des plus simples pour la Ligue des nations : une Assemblée de délégués, un Conseil exécutif et un Secrétariat permanent. Quand nous nous sommes occupés de déterminer le caractère de la représentation des Puissances dans l'Assemblée des délégués, nous avions pleinement conscience d'un sentiment qui est présentement répandu dans le monde entier. S'il m'est permis de tenir ce langage en m'adressant aux représentants officiels des divers Gouvernements ici présents, je dirai que la conviction universelle c'est que le monde ne se contentera pas désormais d'être guidé uniquement par des personnages officiels. Par différentes voies cette opinion nous a été transmise que, si l'assemblée délibérante de la Ligue était simplement un corps de fonctionnaires représentant les divers Gouvernements, les populations ne seraient pas sûres que certaines erreurs familières à des fonctionnaires imbus de certaines traditions ne se répéteraient pas. Sans doute on ne saurait concevoir une assemblée assez largement recrutée pour représenter vraiment les innombrables populations de l'univers, car un calcul sommaire m'apprend que nous représentons ici plus de douze cent millions d'êtres humains. Vous ne pouvez créer une assemblée qui représente douze cent millions d'hommes ;

mais si vous permettez à chaque Gouvernement
d'avoir à son gré un ou deux ou trois représentants,
tout en ne disposant que d'une seule voix, il pourra
non seulement renouveler ces représentants de temps
à autre, mais encore il pourra instituer divers procédés pour choisir ces représentants, s'il doit en
avoir plusieurs.

Ainsi nous avons pensé qu'il y avait là une con-
cession opportune et très sage à cette opinion à peu
près universelle des masses populaires qui réclament
que la porte demeure ouverte à des représentants
d'origine variée et ne veulent point d'une représentation réservée à un corps de fonctionnaires avec
lequel elles se sentent ou ne se sentent pas en communion d'idées. Et vous remarquerez que cette assemblée possède un droit illimité de discussion, je
veux dire relativement à toute question concernant
les relations internationales, et qu'il est expressément convenu que la guerre, les malentendus internationaux, tout ce qui peut être occasion de frotte-
ment ou de conflit regarde tout le monde, du moment
que la paix du monde est en jeu.

Et pour sauvegarder dans la mesure du possible
ce qu'il y a de puissance émanée du peuple dans ce
corps représentatif, il est spécifié, vous le remarquerez, que lorsqu'une question est soumise, non à
l'arbitrage, mais à l'examen du Conseil exécutif, il
appartient à l'une quelconque des parties d'évoquer
le conflit devant le tribunal plus large de l'Assemblée
générale des délégués, parce que c'est par cet organe
que se fera sentir la grande force dont nous dépen-

dons en dernier ressort, la force morale que constitue
l'opinion publique universelle, l'influence salubre,
purificatrice et souveraine de la pleine lumière. L'intrigue ne conserve pas ses fidèles quand les desseins
malfaisants risquent à tout moment d'être dévoilés ;
ce que la lumière peut détruire s'effondrera sous une
éblouissante clarté quand le monde sera unanime à
faire entendre sa réprobation.

A l'arrière-plan dans ce programme il est question
d'une force armée, mais nous la mettons à l'arrière-
plan. Si la force morale ne suffisait pas, il faudrait
recourir à la force physique. Mais ce recours doit
être notre dernière ressource, car c'est une Ligue
pour la paix, non pour la guerre, que nous entendons
constituer (¹).

... Voici un autre grand progrès. Nous avons voulu
en finir avec l'annexion des peuples sans défense que
les conquérants avaient coutume d'employer pour
leurs fins. Nous désirons déclarer solennellement
que les peuples arriérés qui n'ont pas pris part à la
même civilisation qui s'est épanouie dans nos pays,
nous imposent, par leur état même, une obligation
d'agir dans leur intérêt et non dans le nôtre. Ce sera
le devoir de la Ligue des nations de prendre soin
de ces peuples et de faire en sorte que les Puissances
qui seront chargées de les guider et de les adminis-
trer le fassent en vue de leurs intérêts, en vue de
leur progrès, et fassent passer cette considération,

(¹) Le texte du *Times* ne va pas plus loin. Pour ce qui suit nous n'avons
pu consulter de texte anglais. Nous reproduisons une traduction publiée
par plusieurs journaux français.

dans tous les cas, avant la considération de leur intérêt propre.

Nulle part un progrès plus utile n'aura été fait. L'Histoire montre les peuples faibles sans cesse opprimés par les nations sans conscience. Un des derniers et des plus tristes exemples que nous ayons vus a été révélé par les faits mis en lumière dans ces derniers temps, par les agissements de la Puissance, aujourd'hui heureusement vaincue, dans les territoires qu'elle occupait hors de l'Europe. Nous avons vu qu'elle avait, dans certains cas, compris son intérêt comme coïncidant non pas avec le progrès, mais avec l'extermination des populations. Son désir était non pas d'aider, de développer ces peuples, mais de s'emparer de leur sol pour y établir des colonies européennes. Aucun désir de les élever et de les soutenir ne guidait son action.

Le monde nouveau exprime aujourd'hui la conviction de sa conscience sous une forme juridique, et dit : « Ce système doit finir. »

Les Puissances auxquelles nous pensons déjà pour leur confier le mandat de la Ligue des nations sont celles qui ont prouvé qu'elles sont capables de l'exercer dans un esprit de haute humanité.

Le document que nous vous présentons en tire en même temps une douceur, une largeur humaine qui ne nuit pas à sa portée pratique. Nous espérons étendre et purifier par lui l'esprit des grandes nations appelées à guider les petites.

En un sens, on peut dire que ce document vient tard ; la conscience du monde était prête depuis

longtemps à entendre ce que nous disons aujour-
d'hui ; nous exprimons seulement ce qui depuis si
longtemps était senti par d'autres que nous. Dans
tous les grands États ici représentés ce mouvement
d'humanité s'est non seulement exprimé, mais encore
réalisé vis-à-vis des populations des colonies. Plusieurs d'entre elles ont déjà été élevées à un état où
il leur est devenu possible de se gouverner elles-
mêmes. Ce que nous disons aujourd'hui n'est donc
nullement une découverte ; ce n'est que l'application
et la généralisation d'un principe reconnu par tous
les membres de cette assemblée. C'est la volonté des
nations de réunir toute leur force et toute leur science
en faveur de cette politique d'humanité prévoyante.
Le monde a attendu longtemps, mais, jusqu'à une
date très récente, il pensait qu'il était peut-être trop
tôt pour formuler en paroles un pareil système.

Cette guerre, qui a eu des résultats si terribles, en
a eu aussi de très grands et de très beaux. Le crime
a été vaincu ; les peuples ont été une fois de plus
persuadés, plus que jamais, de la majesté de la puissance du droit. Les peuples, avant ce conflit, avaient
entre eux certains motifs de querelle, lesquels se
sont absolument évanouis depuis qu'ils ont vu qu'ils
pouvaient vivre et travailler ensemble fraternelle-
ment. Une foule d'anciens malentendus se sont dissi-
pés comme un nuage. Tel est l'esprit qui se dégage
de ces faits, tel est l'esprit qui résulte de tout un
mouvement arrivé aujourd'hui à son point culminant
et que nous avons voulu exprimer dans un sentiment de
fraternité par le document qui vient de vous être lu.

LXX

Discours prononcé par le Président Wilson, a son
retour d'Europe, devant les autorités et les citoyens de Boston. — 24 février 1919.

Monsieur le Gouverneur Coolidge,
Monsieur le Maire,
Mes Concitoyens,

Je me demande si vous éprouvez à me revoir la
moitié du plaisir que je ressens à vous revoir. Mon
cœur est réconforté en retrouvant cette nombreuse
assemblée de mes compatriotes, car pendant ces mois
derniers, à certains égards vraiment, je me suis
senti un peu seul, sans votre amitié et sans vos conseils, et je me suis efforcé, à chaque étape de l'entreprise dont j'avais la responsabilité, de me représenter quel aurait pu être votre avis sur les importants
sujets qui étaient alors à l'examen.

Ne croyez point, lorsque je vous exprime ma joie
de mon retour au foyer, que je n'ai pas apprécié
l'extraordinaire et généreuse réception que l'on m'a
faite de l'autre côté de l'Atlantique. Je ne dirai pas

que je n'ai pas été profondément touché par les acclamations des grandes foules d'outre-mer. Mais ce que
je tiens à vous affirmer pour être véridique, c'est que
j'ai senti que ces acclamations s'adressaient à vous
tous et non pas à moi seul. Je sens bien que cet accueil ne s'adressait pas directement à moi. Mon cœur
débordait de l'orgueil d'être votre représentant, en
entendant des vivats poussés autour de moi, de partout, par des hommes qui savaient dans vos âmes la
même ferveur qu'en eux-mêmes pour la cause de la
liberté. Il était impossible de se tromper sur l'accent des voix issues de ces foules immenses. Ce
n'était pas l'accent d'une simple salutation, ce n'était
pas seulement l'accent d'un accueil plein de générosité. C'était l'appel du camarade au camarade. C'était
le cri sorti des poitrines des hommes qui disaient :
« Enfin, voici venu ce jour, où les amis de la liberté
devaient traverser les océans et joindre leurs mains
aux nôtres pour travailler avec nous à édifier un
monde nouveau sur les nouvelles bases de la justice et du droit ! » Je ne puis vous dire de quel élan
on se sentait transporté en écoutant ces simples voix
de la foule, et la plus enorgueillissante impression
que je puisse vous rapporter, c'est la certitude que le
monde entier croit en la loyauté de notre grand pays.

Je ne suis pas venu ici pour vous rendre compte
des détails ou des résultats de la Conférence de la
paix. Ce serait prématuré. Je peux dire que j'ai
éprouvé à cette Conférence d'excellentes impressions : malgré le nombre des jugements différents
qui s'y expriment et certaines divergences sur le but

à poursuivre, j'ai néanmoins l'impression qu'il existe un désir unanime d'instituer dans le monde un nouvel ordre fondé sur la justice, un sentiment vif et général de cette nécessité. Car, ces hommes qui sont réunis à la Conférence de Paris ont aussi bien conscience que tout Américain qu'ils ne sont pas les maîtres de leur peuple, mais qu'il sont les serviteurs de leur peuple ; ils savent que ces peuples ont conçu un nouveau dessein et entendent désormais utiliser leurs gouvernants pour le réaliser ; ils savent que personne n'oserait revenir de la Conférence pour rendre compte d'un résultat inférieur aux espoirs de l'humanité.

La Conférence vous semble aller assez lentement. Et en effet à qui la suit jour par jour à Paris elle paraît aller lentement. Mais je me demande si vous avez bien conscience de la complexité de la tâche entreprise. Il apparaît que tous les règlements à faire au sujet de cette guerre touchent, et touchent directement, toutes les grandes, et de temps en temps aussi, me semble-t-il, toutes les petites nations de l'univers. Aucune décision ne peut être raisonnablement prise, qui ne se trouve parfaitement reliée à une innombrable série d'autres décisions qui doivent l'accompagner, qui d'autre part ne soit en parfaite concordance avec le résultat final, si l'on veut conserver à ce résultat sa véritable qualité et son véritable caractère. Notre tâche en ce moment c'est d'entendre la cause dans son ensemble, de l'entendre de la bouche des hommes qui y sont le plus intéressés, comme aussi de ceux qui ont reçu mission officielle de nous présenter des déclarations. Nous devons entendre les réclamations des rivaux, nous devons entendre des réclamations qui concernent de nouvelles nationalités, de nouvelles régions, de nouvelles conditions économiques et commerciales créées par la grande guerre mondiale dont nous sortons.

J'ai été frappé par la modération de ceux qui sont venus nous présenter leurs revendications nationales: J'en rends témoignage, je le puis. Je n'ai vu nulle part jaillir la flamme de la colère. J'ai vu le sérieux des déterminations. J'ai vu des larmes venir dans les yeux d'hommes qui plaidaient la cause de peuples écrasés, et dont ils tenaient les intérêts en main, mais leurs pleurs n'étaient pas des pleurs de rage. C'étaient des larmes d'espoir ardent, et je n'imagine pas un homme au monde qui aurait pu n'être pas conquis par ces plaidoyers, qui aurait pu se défendre contre cette impression qu'il ne se trouvait pas en ce lieu pour porter un jugement individuel tiré de son propre raisonnement, mais pour essayer d'apporter son assistance à la cause de l'humanité.

Et au milieu de tous ces incidents, ce que cherchent ces opprimés, dès leur arrivée à Paris, c'est d'abord de se rapprocher des représentants des États-Unis. Et pourquoi? Parce que, — et en disant cela, je crois mentionner le fait le plus éclatant de l'Histoire, — parce qu'il n'y a aucune nation en Europe qui suspecte un instant les mobiles des États-Unis! A-t-on jamais rien vu de plus admirable? N'est-ce pas profondément émouvant? Y a-t-il jamais eu un pareil témoignage d'estime donné à une nation et qui l'oblige à le mériter à tout jamais? Je ne voudrais pas, par là, vous laisser croire que les grands hommes qui représentent les autres nations dans la Conférence n'ont pas l'estime de ceux qui les approchent. Bien au contraire. Mais, vous le savez, les nations de l'Europe se sont heurtées à plusieurs reprises dans le passé à cause de leurs compétitions d'intérêts. Il est impossible aux hommes d'oublier toutes les luttes violentes qui les ont séparés dans le passé. Il est impossible aux hommes d'admettre que subitement toutes les ambitions ont été abandonnées. Ils se rappellent les territoires convoités, ils se rappellent les droits qu'on a tenté d'extorquer ; ils se rappellent les ambitions politiques qu'on a essayé de réaliser, et, tandis qu'ils croient que l'humanité a changé de caractère et d'humeur, ils ne peuvent pas oublier ces choses, de telle sorte qu'ils ne s'attendent pas à trouver les uns chez les autres une attitude impartiale à l'égard des problèmes discutés.

Ils se retournent alors vers la nation qui s'est conquis l'enviable renom d'être considérée comme l'amie de l'humanité. S'il s'agit d'envoyer une petite force militaire pour occuper un fragment de territoire où l'on suppose que personne d'autre ne sera bien accueilli, alors on réclame des soldats américains. Et là où d'autres soldats rencontreraient la méfiance et peut-être même la résistance, le soldat américain est bien accueilli et acclamé. J'ai eu tant de sujets de fierté là-bas, de l'autre côté de l'eau, que je me félicite moi-même de n'y trouver aucun motif d'orgueil personnel, mais seulement des motifs pour exalter ma fierté nationale. Si j'y avais vu des motifs à m'en enorgueillir personnellement, je serais devenu le plus infatué personnage du monde ! Ce me fut une joie extrême de voir ces vaillants soldats, les nôtres, que la Constitution des États-Unis me donne l'honneur de commander. Chacun rend hommage au soldat américain, en sentant que cet éloge ne diminue en rien ce qui est dû aux autres.

Je me suis efforcé de trouver le fait essentiel qui a amené l'Europe à cette foi en nous. Avant cette guerre, l'Europe n'avait pas en nous confiance comme aujourd'hui. Elle n'a pas eu entièrement confiance en nous durant les trois premières années de cette guerre. L'Europe paraît réellement avoir imaginé que nous nous tenions à l'écart parce que nous jugions que nous gagnerions plus en restant en dehors qu'en entrant dans le conflit. Et subitement, en l'espace de dix-huit mois, cette opinion s'est renversée. A ceci, il n'y a qu'une explication. Les Européens ont vu ce que nous avons fait, ils ont vu que, sans élever la moindre réclamation, nous avions mis tous nos hommes et toutes nos ressources à la disposition de ceux qui luttaient pour leur foyer, immédiatement, rien que pour le salut d'une cause, — la cause du droit et de la justice, — et les Européens ont vu que nous sommes venus non point pour donner appui à leurs réclamations nationales, mais pour soutenir cette grande cause, dans laquelle ils étaient réunis. Et quand ils ont vu que non seulement l'Amérique avait son idéal, mais encore qu'elle agissait pour le réaliser, alors ils furent convertis à l'Amérique et devinrent les plus fermes partisans de son idéal.

J'ai rencontré des universitaires quand j'étais à Paris ; quelques-uns, venant des universités grecques, vinrent me voir, et en leur présence, ou plutôt en présence de leurs traditions d'études, je me suis retrouvé aux jours de ma jeunesse. Je leur ai dit que j'avais eu une de ces douces revanches qui parfois sont le privilège d'un homme. Toute ma vie, j'avais entendu des hommes parler avec une certaine condescendance de l'idéal et des idéalistes, et particulièrement de ces personnes séparées, cloîtrées, de ceux que l'on qualifie de personnages académiques, qui se plaisent à émettre des formules idéales dans une atmosphère dégagée où ils ne risquent de se heurter à qui que ce soit. Et je répète que j'ai eu ma douce revanche. En parlant avec la plus entière franchise et au nom du peuple des États-Unis, j'ai affirmé que cette grande guerre n'avait pas d'autres fins que des fins idéales, purement idéales, et la guerre a été gagnée grâce à cet élan.

Des hommes combattaient, les muscles tendus et la tête baissée, jusqu'au moment où ils parviendraient à réaliser ces choses. Ils sentaient qu'ils combattaient pour leur vie et pour leur pays. Et quand ils entendirent, aux accents qui leur venaient d'Amérique, tout ce qui se préparait, ils redressèrent la tête, et levèrent les yeux au ciel. Alors ils virent des hommes en khaki qui venaient de l'autre côté de la mer, animés d'un esprit de croisés, et ils trouvèrent que c'étaient là d'étranges hommes, non seulement indifférents au danger, mais indifférents, parce qu'ils semblaient voir quelque chose qui faisait que le danger valait la peine d'être couru. Des témoins m'ont affirmé, en Europe, que nos hommes étaient possédés de quelque chose qu'on ne peut appeler que d'un mot : une ferveur religieuse. Nos hommes n'étaient comme aucun autre soldat. Ils avaient une vision, ils avaient un rêve, et ils combattaient dans un rêve. Et comme ils combattaient dans un rêve, ils firent tourner tout le flot de la bataille, et ce flot n'est jamais revenu en sens inverse.

Maintenant, vous comprenez que cette confiance que nous avons inspirée au monde entier nous impose une charge, — si vous voulez appeler cela une charge. C'est une de ces charges que toute nation doit être fière de porter. Tout homme qui résiste aux courants qui circulent actuellement dans le monde se trouvera jeté sur un rivage si haut et si aride qu'il lui semblera avoir été séparé de l'espèce humaine pour toujours. L'Europe que j'ai quittée l'autre jour était pénétrée d'un sentiment qui jamais auparavant n'avait si pleinement rempli son cœur. Elle était pleine d'espérance.

L'Europe de la seconde année de la guerre, l'Europe de la troisième année de la guerre sombrait dans une sorte de découragement insurmontable. Ses habitants ne voyaient pas comment l'on accomplirait quelque chose de grand, même quand la guerre aurait été gagnée. Ils espéraient être sauvés d'une manière ou d'une autre. Ils espéraient qu'ils pourraient délivrer leurs territoires des armées qui les avaient envahis, qu'ils pourraient rebâtir leurs maisons et remettre en marche leurs industries. Mais ils

pensaient que ce serait là, simplement, une reprise
de l'ancienne vie que l'Europe avait menée — menée
dans-la peur, menée dans l'anxiété, menée dans une
vigilance constante et soupçonneuse. Ils ne rêvaient
jamais que la future Europe serait une Europe où la
paix serait solide et où l'espérance trouverait sa justification. Et maintenant, la magie de l'idéal a opéré,
les peuples d'Europe se sentent rassérénés et se fient
à l'espérance, car ils croient que nous sommes à la
veille d'un nouvel âge du monde, âge où les nations
se comprendront entre elles, où elles se soutiendront
les unes les autres dans toute cause juste, où elles
associeront toutes les forces morales et physiques
pour obtenir le triomphe du droit.

Si, à cet instant, l'Amérique trompait l'attente du
monde, qu'arriverait-il? Je ne dirai rien de désobli-
geant pour aucun autre peuple si je dis que l'Amérique est l'espoir du monde. Et si elle ne justifie pas
cet espoir, les résultats seront incalculables. Les
hommes seront rejetés dans l'amertume du désappointement, et même dans l'amertume du désespoir.
Toutes les nations recommenceront à se dresser les
unes contre les autres comme des camps ennemis.
Les hommes qui sont à la Conférence de la paix re-
tourneront chez eux en laissant retomber leur tête
sur leur poitrine, honteux de leur faillite, — car ils
s'étaient engagés à ne pas rentrer chez eux sans avoir
fait quelque chose de plus que de signer le traité de
paix. Supposez que nous signions le traité de paix
le plus satisfaisant que les éléments troublants du
monde moderne puissent permettre, et que, rentrés

chez nous, nous ne pensions plus qu'à nos travaux, nous saurons que nous n'avons rien écrit sur la table historique de Versailles, sur laquelle Vergennes et Benjamin Franklin ont inscrit leurs noms, rien qu'un banal chiffon de papier, sans que des nations soient unies pour le défendre, sans que de grandes forces soient associées pour le faire valoir, sans qu'aucune assurance soit donnée aux peuples piétinés et épouvantés du monde pour leur garantir qu'ils seront saufs.

Quiconque estime que l'Amérique acceptera de donner au monde pareille déception ne connaît pas l'Amérique. Je l'engage à se renseigner sur les sentiments de cette nation. Nous avons créé cette nation pour libérer l'humanité et notre dessein ne se rapporte pas à la seule Amérique ; maintenant encore nous voulons libérer l'humanité. Si nous nous dérobions à cette tâche, c'en serait fait du renom de l'Amérique, tout ce qui fait sa grandeur s'évanouirait. Désormais elle devrait défendre cette grandeur contre tous ces projets mesquins, égoïstes, qu'inspire le particularisme local, si cher à certains esprits incapables de considérer un horizon de quelque étendue. Aucune provocation ne saurait m'être plus agréable que celle de tels adversaires. Je suis combattif et c'est parfois un plaisir d'avoir une cause pour laquelle combattre, mais il faudrait bénir l'occasion qui nous ferait entreprendre une lutte comme celle-là.

Représentez-vous le spectacle qu'offrirait le monde, représentez-vous le sombre découragement auquel il s'abandonnerait. On dirait: l'Amérique a fait faillite ; l'Amérique a fait une petite tentative inspirée par des sentiments généreux, puis elle a reculé ; elle a dit: « Nous sommes vos amis », mais il s'agissait d'un jour, non du lendemain ; elle a dit: « Voici notre puissance mise au service du droit menacé », et dès le jour suivant: « Que le droit se tire d'affaire comme il pourra, nous avons à prendre soin de nous-mêmes » ; elle a dit: « Nous avons allumé bien haut dans le ciel une lumière qui devait montrer aux hommes la voie vers la liberté, mais maintenant cette lumière éclaire plus bas, elle ne sert qu'à nous faire voir notre propre chemin. » Nous avons fait entrevoir au monde le grand idéal de la liberté, puis nous avons ajouté: « La liberté est un bien que chacun doit conquérir par lui-même, ne comptez pas sur nous. »

Et songez à tous ces peuples que nous abandonnerions à leur destinée incertaine. Vous représentez-vous combien de nations nouvelles vont être édifiées en face des anciennes et puissantes nations de l'Europe et resteraient seules, sans aucun ami désintéressé, si nous les abandonnions? N'êtes-vous pas, comme moi, acquis à la cause des Polonais? Allez-vous ressusciter la Pologne et la laisser dans une sorte d'enfance, sans expérience, sans organisation, au milieu d'un cercle d'armées hostiles? N'êtes-vous pas, comme moi, acquis à la cause des Tchéco-Slovaques et des Jougo-Slaves? Ignorez-vous combien de Puissances seraient prêtes à fondre sur eux si le monde ne garantissait pas leur liberté? Avez-vous songé aux souffrances des Arméniens? Vous avez

libéralement donné pour venir en aide aux Arméniens après les persécutions. Vous devez maintenant
employer votre influence pour que ces persécutions
ne se renouvellent pas.

Les accords qui constitueront la présente paix ne
dureront pas une génération s'ils ne sont garantis
par les forces unies du monde civilisé. Ne voyez-vous
pas la situation si nous omettons de leur donner
cette garantie? Vos cœurs vous ont révélé où se fait
vraiment sentir le fardeau de cette guerre. Il ne
tombe pas sur le trésor public, sur les administra-
tions, sur les revenus des nations. Il écrase des foyers
silencieux, où de pauvres femmes peinent en attendant le retour de leurs hommes. Quand je pense à
tous ces foyers qu'une sombre détresse viendra accabler si ce haut espoir est frustré, je préférerais que
l'Amérique n'ait jamais joué le moindre rôle dans
cette noble entreprise pour émanciper le monde.
Mais je parle comme si le résultat était douteux. Je
ne doute pas plus du verdict de l'Amérique en cette
matière que je ne doute du sang qui est dans mes
veines.

Je suis revenu d'Europe pour faire connaître les
progrès réalisés et je ne crois pas que ces progrès
s'arrêtent au moment d'atteindre le but. Les nations
du monde entier se sont mises en tête d'accomplir
une œuvre grandiose et leur effort ne faiblira pas
qu'elle n'ait été achevée. Je dis : les nations, je ne dis
pas les Gouvernements. Je parle des populations qui
constituent ces nations. Elles sont sur le qui-vive et
se chargeront, si leurs Gouvernements n'exécutent

pas leur volonté, de trouver d'autres Gouvernements plus dociles : ce n'est pas là un secret, les Gouvernements actuels sont avertis.

Se connaître mutuellement, c'est travailler efficacement à la bonne entente, vivre dans la même atmosphère, c'est préparer la sympathie. N'eût été la différence des langues qui déconcertait péniblement mon oreille américaine, j'aurais pu me croire dans mon pays quand, en France, en Italie ou en Angleterre, je me promenais dans les rues, ou me trouvais en présence des foules, ou quand j'étais dans ces vastes réunions où s'assemblent des hommes de toutes classes. Je ne me sentais pas tout à fait aussi chez moi qu'ici, mais je me rendais compte pourtant qu'aujourd'hui, après cette tempête qui a nettoyé l'atmosphère, les hommes savaient lire dans les yeux de leurs semblables et qu'en tout pays les foules étaient prêtes à comprendre ce que les foules de chez nous comprennent, que toutes ont les mêmes pensées.

Certes c'est pour moi un grand réconfort de savoir que vous entendez mon langage. Un de mes amis disait que parler au moyen d'un interprète, c'est voir ses propres idées subir des « fractures compliquées ». Eh bien, malgré les obstacles que crée la nécessité d'un intermédiaire, ce qui est admirable, c'est que l'idée demeure la même, c'est qu'elle porte, c'est qu'elle atteint des cœurs qui vont battre à l'unisson du vôtre, c'est qu'elle devient une suggestion écoutée.

Je suis revenu en Amérique pour très peu de temps

afin de m'employer avec le zèle le plus ardent à régler diverses affaires, mais surtout je suis venu vous dire en toute sincérité, en toute franchise, que j'ai fait de mon mieux pour exprimer vos idées. Quand je m'examine moi-même, je crois me rendre compte que je suis un véritable Américain. Si donc je m'examine assez profondément, si je descends jusqu'à ce qui est probablement ma personnalité essentielle, j'ai le droit d'espérer que cette personnalité ressemble au moins partiellement à celle de mes compatriotes. C'est pourquoi en scrutant mon cœur, en essayant d'apercevoir les solutions conformes à la justice, sans m'arrêter à celles que suggère l'opportunité, j'ai conscience d'exprimer les desseins et la pensée de l'Amérique et je m'aperçois en même temps, qu'en m'inspirant de cet amour pour mon pays, j'ai groupé autour de moi la grande majorité de mes semblables en toutes les régions de l'univers.

LXXI

Entre *le 15 février et le 4 mars la politique du Président Wilson à la Conférence des préliminaires de paix et en particulier le projet d'une Ligue des nations furent très vivement discutés au Sénat américain. Le Président ne jugea pas opportun de convoquer en session extraordinaire le Congrès dont les pouvoirs expiraient le 4 mars; mais ce même jour il tint à prendre la parole devant un nombreux auditoire à New-York. Le lendemain matin il partait pour l'Europe.*

Mes concitoyens,

J'accepte l'encouragement de cette chanson de circonstance, dont l'air vient justement d'être joué, *Là-bas!* Je ne reviendrai « que lorsque tout sera terminé là-bas », et je prie Dieu, au nom des intérêts de la paix et du monde, que cela puisse être bientôt.

La première chose que je m'en vais dire aux foules, de l'autre côté de l'eau, c'est qu'une formidable majorité, au milieu de la nation américaine, s'est prononcée en faveur de la Ligue des nations. Je sais que tel est le fait exact. J'ai là-dessus, de toutes parts, dans le pays, d'indiscutables indices, et les voix s'élèvent partout avec le ton de la franchise.

Je m'estime particulièrement favorisé de parler ici, ce soir, dans les conditions exceptionnelles où je prends la parole. Je suis très heureux de me trouver associé avec M. Taft, dans une grande cause. M. Taft a fait preuve d'une hauteur de vues et d'un dévouement au bien public dignes de tous les éloges. Et je m'en réjouis d'autant plus que cela signifie qu'il n'y a pas là, en jeu, une question de parti. Aucun parti n'a le droit de monopoliser ce dessein, mais aucun parti n'osera y faire une longue opposition.

Nous avons écouté une exposition si claire et si admirable des principales clauses de la Convention projetée pour créer la Ligue des nations que je n'ai sans doute pas besoin d'examiner minutieusement le contenu de ce document. Je préfère vous dire au milieu de quelles circonstances il a été préparé.

Je ne me rappelle pas avoir jamais reçu plus grande impression qu'à la réunion de la Commission désignée par la Conférence de la paix, pour tracer les grandes lignes de la Convention de la Ligue des nations. Les représentants de quatorze nations se tenaient autour de la table, — non pas des jeunes gens, non point des hommes sans expérience des affaires de leur pays, non point des hommes sans expérience de la politique mondiale. Or dans l'atmosphère excitante de chaque réunion, ces hommes rivalisaient de zèle pour arriver à un arrangement et à un arrangement efficace et agissant, afin de créer la Ligue du monde civilisé. Au milieu de cet enthousiasme général, une conviction surgissait, faite de sentiments divers. Il y avait la conviction arrêtée que cette œuvre devait être accomplie, et il y avait aussi cette conviction que pas un des hommes qui se trouvaient là n'aurait osé revenir chez lui en disant qu'il n'avait pas essayé de l'accomplir.

M. Taft vous a représenté ce que serait la faillite de cette grande entreprise. Nous avons connu durant ces longs mois d'agonie de la guerre quels étaient les abominables projets des empires centraux, et nous avons dressé des cartes indiquant les conquêtes qu'ils entendaient faire. Où donc s'étendaient les lignes de cette carte, ce grand trait central que nous avions accoutumé d'appeler la ligne de Brême à Bagdad ? Elles s'étendaient à travers ces régions mêmes sur lesquelles M. Taft a appelé votre attention, et elles s'allongeaient à travers un empire fait du groupement de plusieurs nationalités : l'empire austro-hongrois, dont l'Allemagne s'était engagée à respecter l'intégrité, puisqu'il était son allié, se trouvait sur cette ligne de conquête. L'empire ottoman, dont l'Allemagne professait de partager les intérêts,

était précisément aussi sur le chemin où les Allemands entendaient passer. Et maintenant, qu'est-il
arrivé? L'empire austro-hongrois s'est écroulé,
l'empire ottoman a disparu, et les nations qui ont
atteint ce noble résultat, car ce fut une libération,
sont désormais les liquidateurs responsables de ce
qui constitue l'actif de ces grandes nations. Si elles
se dérobaient à cette tâche, elles laisseraient devant
l'Allemagne non seulement des nations affaiblies,
mais des nations où la semence empoisonnée de
l'intrigue pourrait germer et produirait certainement
une abondante moisson. Or l'une des choses auxquelles la Ligue des nations entend s'opposer c'est
la politique des intrigues. L'intrigue ne supporte
pas la publicité, et quand bien même la Ligue des
nations ne serait qu'une grande société de discussion, cela serait suffisant pour tuer l'intrigue.

Une des clauses de cette convention comporte le
droit amical pour chaque nation membre de la Ligue
d'attirer l'attention sur les moindres choses qui peuvent troubler la paix du monde, où que ce soit. Rien
de ce qui peut atteindre la paix du monde ne doit
être exempt d'enquêtes et de discussions, et je pense
que tout le monde ici est d'accord avec moi quand
je dis que l'Allemagne n'aurait jamais pu déclarer
la guerre si elle avait laissé le monde discuter son
projet d'agression contre la Serbie, fût-ce seulement
durant une semaine. Le Foreign Office anglais avait
suggéré un délai d'un jour ou deux pendant lesquels
les représentants des nations européennes auraient
pu se réunir et débattre les possibilités d'un arran-

gement. L'Allemagne n'a même pas eu le courage de permettre une ou deux journées d'entretien. Vous savez ce qui s'est produit. Dès que le monde a compris qu'un ennemi de toute loi était déchaîné, l'une après l'autre les nations ont commencé à se joindre contre l'Allemagne.

Nous tenons pour certain que si l'Allemagne avait un seul instant pensé que la Grande-Bretagne s'unirait à la France et à la Russie, elle n'aurait pas couru le risque, et la Ligue des nations a pour but de notifier à toute nation violatrice des lois que non seulement la Grande-Bretagne, mais encore les États-Unis, et avec eux le reste de l'univers seraient là pour se mettre en travers des entreprises de pareille sorte. Ainsi, la Ligue des nations n'est ni plus ni moins qu'une convention par laquelle le monde s'engage à maintenir les principes dont il vient d'assurer la revanche au prix du sang le plus précieux qui fût jamais versé. Les peuples libérés de l'empire austro-hongrois et de l'empire ottoman font appel à nous pour cet objet. L'idée n'a pas pris naissance dans un conseil des hommes d'État.

Si l'Europe éprouve un certain malaise à l'heure actuelle, c'est parce qu'elle se rend compte que ses hommes d'État n'ont pas eu la puissance de vision nécessaire, ce sont les peuples qui ont vu clair. Ceux qui souffrent voient. Ceux qui subissent l'injustice voient combien est désirable le droit à la justice. Des nations qui ont gémi, foulées aux pieds par les Autrichiens, qui ont dû se courber devant l'Allemand, qui ont longtemps souffert l'indescriptible

agonie du régime turc, ont fait appel au monde, générations après générations, réclamant justice, libération, secours, et aucun gouvernement dans le
monde ne les a écoutées. Des organisations privées,
des hommes et des femmes, philanthropes compatis-
sants ont prodigué des trésors, afin d'apporter un
allégement à ces détresses, mais aucune nation n'a
dit aux nations qui en avaient la responsabilité :
« Vous devez cesser, voilà qui est intolérable, et
nous ne le permettrons pas plus longtemps. » Et
c'est le peuple qui a eu cette vision. Mes amis, je
voudrais que vous songiez à ceci : la vision de ce
qui est nécessaire pour entreprendre les grandes réformes a rarement été accordée à ceux qui dominent
les nations. Cette vision tire son origine des besoins,
des aspirations, des revendications de ces grandes
masses populaires éprises de liberté. Et la seule
explication que je puisse trouver à quelques-unes
des critiques qui ont été soulevées à propos de cette
grande tâche, c'est que les hommes qui articulent
ces critiques n'ont jamais, j'imagine, vraiment senti
battre le grand cœur de l'humanité. Et je suis stupéfait, — je ne suis pas alarmé, mais je suis surpris,
— qu'il y ait dans certaines sphères une telle igno-
rance de la situation mondiale. Ces messieurs ne se
rendent pas compte de ce qu'il y a dans l'esprit des
hommes actuellement. Tout le monde autour d'eux
s'en rend compte. Je ne sais pas où ils ont été renfermés, je ne sais pas quelles influences ont pu les
aveugler, mais je sais qu'ils se sont trouvés en dehors des grands courants d'idées de l'humanité.

Et je désire donner cet avertissement solennel, non pas comme une menace, — les forces du monde ne menacent pas, elles agissent : les grands flux et reflux du monde ne préviennent pas, ils montent et se précipitent ; ils montent, dans leur majesté et dans leur puissance irrésistible, et ceux qui se trouvent sur leur passage sont submergés. Maintenant l'âme du monde s'est éveillée, et l'âme du monde doit être satisfaite. Ne vous arrêtez pas à vous imaginer un instant que le malaise des populations européennes est entièrement dû à des causes ou à d'arrière-motifs économiques. Son origine est plus profonde. Ces populations ont vu que leurs gouvernements n'ont jamais été capables de les défendre contre l'intrigue ou contre l'agression, et que dans aucun cabinet moderne, il n'y a ni force de prévision, ni clairvoyance. En conséquence, ces peuples disent : « Il doit y avoir quelque cause initiale à cela. » Et cette cause initiale, ils commencent à la deviner en voyant les nations qui se tiennent dans l'isolement ou bien formant des petits groupes jaloux les uns des autres, nourrissant des préventions injustes et augmentant les dangers de guerres, au lieu de s'entendre afin de prendre des mesures pour les prévenir, et voyant que s'il y a un droit dans le monde, il n'y a vraiment aucune raison pour que les nations restent divisées lorsqu'il s'agit de soutenir le droit et la justice. Et c'est pourquoi les peuples s'écrient : « Si vous croyez vraiment qu'il y a un droit, si vous croyez vraiment qu'on doive mettre un terme aux guerres, cessez de vous absorber dans la considération des intérêts qui divisent les nations, mais plutôt pensez aux hommes, aux femmes et aux enfants du monde entier. » Les nations ne sont pas créées pour procurer des honneurs à leurs dirigeants, grâce aux réussites de manœuvres politiques ; les nations ont pour mission, si vraiment elles en ont une, de procurer aux hommes, aux femmes et aux enfants la sécurité, le bonheur et la prospérité, et aucune nation ne possède le droit de mettre en balance ses intérêts spéciaux et d'autre part les intérêts et le bien-être de l'humanité ; moins qu'aucune autre, cette grande nation qui a toute notre affection, possède ce droit. Elle s'est formée pour le plus grand bénéfice de l'humanité. Elle a été fondée pour représenter l'idéal le plus élevé, et pour accomplir les plus nobles aspirations des hommes qui ont souhaité d'être libres, et le monde, — le monde d'aujourd'hui, — croit en nous et compte sur nous, et serait rejeté dans les ténèbres du désespoir si nous manquions à cette mission.

J'ai tenté bien souvent, mes concitoyens, d'exprimer devant un petit cercle d'amis ou en face de grandes audiences ce qui me semble constituer la véritable espérance des peuples de l'Europe, et je vous avoue très franchement que je me suis trouvé incapable d'y parvenir, car lorsque les pensées viennent se rassembler en masse dans un discours, l'émotion profonde, l'émotion née du sujet est si vive que les paroles sont impuissantes à la rendre. J'ai été saisi par ce qu'il y a de tragique dans les espérances de ces populations en détresse. Il est tragique cet espoir qui ne peut pas se réaliser entièrement, et néanmoins j'ai eu conscience que ce drame crée une nécessité, une obligation pour tout homme vivant de mettre en jeu tout son pouvoir pour que, dans la mesure du possible, cet espoir ne soit pas déçu. Car si les hommes ne peuvent pas aujourd'hui, après l'agonie de cette sueur de sang, arriver à être maîtres de leur destinée, et trouver une solution pour contrôler la politique mondiale, nous allons sombrer encore dans une ère de luttes, de batailles au milieu de laquelle il n'y aura ni espoir, ni merci. Là où il n'y a pas d'espoir, il ne peut y avoir de merci. Pourquoi épargneriez-vous autrui, lorsque vous-même vous vous attendez à périr? Pourquoi auriez-vous pitié, quand vous ne pouvez attendre pour vous-même aucune grâce? Pourquoi seriez-vous juste, si de toutes parts vous êtes assailli?

Un autre point encore, que les critiques de cette Convention ont tout à fait perdu de vue : pas plus qu'ils n'ont compris l'état d'esprit du monde actuel, ils n'ont observé l'état d'esprit de ces admirables jeunes gens en khaki qui furent envoyés au delà des mers. Pour ma part j'ai éprouvé un sentiment d'orgueil, comme si un reflet de la gloire de ces jeunes héros s'était posé sur moi, car la Constitution m'a fait leur commandant en chef, et d'eux j'ai reçu quelques enseignements. Quand nous entrâmes dans cette guerre, nous y entrâmes fidèles à l'esprit des déclarations que j'ai eu le privilège de formuler et qui, dans ma conviction, exprimaient les desseins et les pensées du peuple des États-Unis. Et ces jeunes gens s'en furent au loin avec le sentiment qu'ils avaient la mission sacrée de réaliser ces fins idéales, qu'ils ne s'en allaient pas au delà des mers seulement pour battre l'Allemagne, qu'ils ne partaient pas seulement avec la rancune au cœur contre une nation qui s'était mise en dehors des lois, mais qu'ils avaient traversé ces trois mille milles de l'Atlantique, afin de montrer à l'Europe que les États-Unis, au jour nécessaire, accourraient partout là où les droits de l'humanité se trouveraient menacés.

Ils ne voulaient pas rester immobiles dans les tranchées; ils ne voulaient pas rester contenus par la prudence expérimentée de leurs chefs continentaux. Ils pensaient qu'ils étaient venus là pour accomplir une tâche particulière, et que, puisqu'ils étaient arrivés, ils devaient l'accomplir immédiatement. Aussitôt que cet élan de leur âme, de même que l'élan de leur corps, vint heurter les lignes de l'ennemi, ces lignes commencèrent à se rompre et continuèrent de se rompre jusqu'à la fin. Elles continuèrent de se rompre, mes concitoyens, non simplement à cause de la force physique de ces vigoureux jeunes gens, mais à cause de l'irrésistible force spirituelle des armées des États-Unis. Voilà ce que j'ai compris. Voilà ce qui a terrifié l'ennemi, voilà ce qui lui a fait sentir que là où ces jeunes gens ont mis le pied, il était impossible de les repousser, et que chaque pouce de terrain qu'ils gagnaient restait à jamais gagné pour la liberté de l'humanité.

Et croyez-vous qu'après avoir compris cet enthousiasme de croisés qui soulevait ces jeunes gens, partant au loin, non pour glorifier l'Amérique, mais pour servir leurs semblables, croyez-vous que je me permettrais à moi-même de me relâcher dans mon effort quand je veux me montrer digne d'eux et de leur cause? Ce que j'ai dit au début, je l'ai dit en un sens plus profond peut-être que celui que vous avez saisi. Je n'entends pas revenir avant que les affaires de là-bas soient complètement réglées, et elles ne peuvent être achevées que lorsque les nations du monde auront l'assurance de la pérennité de la paix. Certains personnages de ce côté-ci de l'eau tireraient grand profit de se trouver en communication avec quelques autres personnages d'outre-Atlantique. Nous pensons parfois, mes concitoyens, que les hommes d'État expérimentés des nations européennes représentent un genre d'hommes exceptionnellement pratiques, réalistes, par quoi nous entendons, bien que nous ne l'admettions qu'à moitié, qu'ils sont à certains égards sceptiques (¹). Ces gens-là disent : « Nous vivons dans un monde de réalité », et vous comprenez par ceci, que ce n'est pas un monde idéal, et qu'ils ne croient pas qu'il y ait de possibilités de

---

(¹) Le texte porte : ... « are an unusually hard-headed set of men, by which we generally mean, although we do not admit it, that they are a bit cynical. » Les journaux ont traduit : ... « un genre d'hommes d'un remarquable *entêtement*, par quoi nous entendons, bien que nous ne l'admettions qu'à moitié, qu'ils sont en quelque sorte *cyniques*. » Cette phrase est peu claire en elle-même, — car pourquoi dirait-on : *entêté*, quand on pense : *cynique* ? — et de plus elle ne s'accorde pas avec la suite. C'est qu'en effet elle contient deux contresens. Hard-headed ne signifie pas : entêté, mais : pratique, non sentimental, réaliste (au sens de politique réaliste); et *cynical* signifie : désabusé, sceptique, qui ne croit pas à la bonté naturelle de l'homme.

conclure un arrangement en ne considérant que
l'idéal. Eh bien, je ne m'étais jamais trouvé en étroit
contact avec eux auparavant, et s'ils ont jamais eu
cette attitude, ils ne l'ont plus aujourd'hui. Ils ont
été dominés, si jamais ils eurent cet état d'esprit,
par la terrible signification des derniers événements
et par la terrifiante importance de leurs conséquences, et il n'est aucun de ceux que j'ai approchés
qui ne sente qu'il lui est impossible en conscience
de revenir de Paris auprès de ses concitoyens sans
avoir fait tous ses efforts pour arriver à quelque
chose de plus que d'attacher son nom au Traité de
paix. Chacun à la Conférence est convaincu que le
Traité de paix en lui-même serait inopérant, ainsi
que M. Taft l'a dit, sans le renfort et sans la puissance d'une grande organisation telle que la Ligue
des nations.

Quand je suis parti pour l'Europe, plusieurs qui
se montraient sceptiques sur la possibilité de former
une Ligue des nations reconnaissaient que, si l'on
pouvait cependant la créer, elle constituerait une
organisation inappréciable pour assurer l'exécution
des diverses clauses du Traité. Or quand ce Traité
reviendra, ces messieurs de ce côté-ci de l'Océan y
trouveront non seulement la Convention qui crée la
Ligue, mais tant de liens entre le Traité et la Convention que vous ne pourrez pas séparer la Convention
du Traité sans renverser toute la structure essentielle
de cet ensemble. Sans la Ligue des nations, la structure de la paix n'aura aucune durée, aucune vie, et
nul ne voudrait ramener avec lui un simple cadavre.

Je dois dire que j'ai été étonné par quelques-unes des critiques ; non par les critiques elles-mêmes, — je peux très bien les comprendre, même quand elles sont sans fondement, — mais par l'argument de fait invoqué dans ces critiques. Je n'arrive pas à concevoir comment ces messieurs peuvent vivre sans vivre dans l'atmosphère mondiale Je ne peux pas concevoir comment ils peuvent vivre et ne pas être en relations avec les événements de leur temps, et tout particulièrement, je ne peux pas concevoir qu'ils puissent être des Américains et préconiser une doctrine d'un méticuleux égoïsme étudiée dans ses moindres détails. Je n'ai pu découvrir un seul conseil généreux dans leurs critiques. Je n'en ai tiré aucune suggestion qui aide à construire quoi que ce soit. Je n'en ai rien tiré, sinon : « Est-ce qu'il ne sera pas dangereux pour nous de venir au secours du monde ? » Ce qui nous serait fatal au contraire, c'est de ne point y contribuer. Du rang, s'il m'est permis de m'exprimer ainsi, que nous occupons comme la plus renommée et la plus puissante nation qui soit au monde, nous tomberions au rang de la plus méprisable nation.

Ainsi, il était inutile de me dire, comme on me l'a répété, que le peuple des États-Unis appuierait cette Convention. Je suis Américain, je savais que les Américains l'appuieraient. Quelle douce revanche sur le monde ! On a ri de nous autrefois, on a pensé que nous ne prenions pas au sérieux nos professions de foi, on pensait ainsi jusqu'en avril 1917, on admettait tout juste que nous enverrions seulement quelques hommes, et que nous ferions semblant d'apporter notre aide, et quand on a vu des foules traverser en hâte les mers, et quand on a vu ces foules ardentes à l'ouvrage dès leur arrivée de l'autre côté de l'eau, on est resté stupéfait et l'on a dit: « Le fait est exact, cette nation est l'amie de l'humanité, ainsi qu'elle l'avait proclamé. »

L'enthousiasme, l'espoir, la confiance et la foi dans l'avenir engendrés par ce retour de l'opinion sont indescriptibles. Prenez un Américain isolé, et souvent vous pouvez découvrir qu'il est un égoïste enfermé dans ses intérêts particuliers, mais prenez les Américains en masse, et vous les trouverez prêts à mourir pour un idéal. La douce revanche donc est celle-ci : nous avons cru dans le droit, et maintenant nous sommes tous prêts à lui offrir le suprême sacrifice de lier notre sort au sort des hommes de tout pays. M. Taft a rappelé le mot de Washington sur le lacis des alliances, et s'il me permet de le dire, il a donné une exacte interprétation des paroles de Washington, la seule interprétation admissible pour qui a bien lu ce que Washington a dit, chose que beaucoup de ces messieurs les critiques n'ont jamais fait. Ce que Washington souhaitait tout spécialement, c'est précisément ce que nous sommes en train de fonder : un accord qui aiderait à rompre le lacis de toutes les alliances du monde. Rien n'entrave un homme, sinon une combinaison égoïste avec autrui. Rien n'embarrasse une nation, ne la paralyse, ne la garrotte, sinon un pacte avec une autre nation contre ses voisines dans le monde. Et c'est cette grande épuration, fatale au lacis de toutes les alliances, que

cette Convention va maintenant accomplir, car une
de ses clauses dit qu'aucune nation n'entretiendra
avec une autre nation des relations incompatibles
avec les conventions de la Ligue des nations. Les
nations s'engagent à n'avoir point d'alliances. Les
nations s'engagent à ne faire aucun arrangement les
unes contre les autres. Les nations conviennent qu'il
n'y aura qu'une entente et c'est l'entente de toutes
contre celle qui commet l'injustice.

Et je vais retourner maintenant de l'autre côté de
l'eau pour reprendre ma tâche avec des forces renouvelées. Je n'avais pas oublié quel est le sentiment
du peuple américain, mais j'ai éprouvé un très grand
réconfort en reprenant contact avec lui. Je ne connaissais pas bien la joie du foyer jusqu'au jour de
mon retour ici. Là où un homme peut véritablement
sentir son foyer, c'est là où rien n'a besoin de lui
être expliqué. Rien de l'Amérique n'a besoin de
m'être expliqué, et en particulier, je n'ai besoin
d'aucune explication pour comprendre le sentiment
du peuple américain. J'entends : d'aucune explication sur des sujets essentiels comme celui-ci. En
politique il y a beaucoup de divergences d'appréciations et qui sont parfaitement légitimes. Parfois,
il y a de profondes différences d'appréciations, mais
ce ne sont pas des divergences de sentiments, ce ne
sont pas des divergences d'intentions, ce ne sont pas
des divergences au sujet des fins à poursuivre, et
l'avantage de n'avoir à recevoir aucune explication
c'est que vous reconnaissez une explication erronée
aussitôt que vous l'entendez formulée.

Dans un certain coin sans doute fort reculé de la frontière, il y avait une fois, dit-on, un homme qui disait la vérité. Ou plutôt on ne l'avait pas entendu dire la vérité, mais il devenait capable de la dire lorsqu'il l'entendait. Or je pense que je suis dans cette même situation en ce qui concerne quelques-unes des critiques que j'ai entendues. Elles n'ont produit aucune impression sur moi, car entre elles et moi il manque, je le sais, un milieu pour me les transmettre. Je sais que le sentiment de la nation est absolument prémuni contre de pareilles étroitesses d'esprit et un pareil égoïsme. Je recommande à ces messieurs d'entrer en communion avec leurs concitoyens.

Et maintenant, que pouvons-nous dire touchant l'avenir? Je pense, mes concitoyens, que nous pouvons regarder devant nous avec une entière confiance. J'ai appris des choses réconfortantes, depuis que je suis arrivé ici, relativement au progrès des discussions qui ont lieu à Paris pour éclaircir tant de problèmes difficiles, et je crois que des solutions vont intervenir rapidement désormais au cours des conférences. Mais voici ce que je crois, je devrais peut-être dire, ce que je sais: les hommes délégués à ces conférences prennent courage au fur et à mesure qu'ils avancent dans leurs travaux; ils constatent entre eux une communauté d'intentions, une communauté d'idéal qui semble dépasser leur attente; en dépit du jeu des influences, lequel est infiniment compliqué, il y a une marche en avant qui nous rapproche des solutions justes. Les hommes, enfin, s'aper-

çoivent que la seule chose durable dans le monde
est le droit, et qu'une solution vicieuse ne peut être
qu'une solution temporaire, — temporaire pour la
meilleure de toutes les raisons, temporaire de toute
nécessité, — car le cœur des hommes s'indigne contre la solution injuste et l'effervescence ne s'apaise
pas.

Quand j'étais en Italie, un petit groupe de blessés
italiens se traînant sur la route demandèrent à me
parler. Je ne pouvais pas imaginer ce qu'ils avaient
à me dire, et avec la plus touchante des simplicités,
ils me remirent une pétition en faveur de la Ligue
des nations. Leurs membres douloureux, leurs bles-
sures, leurs forces diminuées étaient leurs seuls
arguments. Ils apportaient une simple requête pour
que je fisse usage de toute mon influence afin d'éviter aux générations à venir les sacrifices qu'ils
avaient, eux, été contraints d'accepter. Cet appel est
resté dans mon esprit quand j'ai traversé les rues
des capitales de l'Europe, au milieu des cris de la
foule, des acclamations pour la Ligue des nations,
sortant des lèvres de populations qui, je crois pouvoir le dire, n'avaient aucune notion précise sur la
manière de la réaliser, qui n'étaient nullement pré-
parées à présenter un projet pour une Ligue des
nations, mais qui dans leur cœur avaient la sensation
que quelque chose devait sortir d'une union de tous
les hommes dans l'univers.

Comme nous parcourions les grandes routes dans
la campagne, de vieilles femmes affaiblies par l'âge
s'avançaient et nous tendaient des fleurs. Pourquoi

nous offraient-elles ces fleurs à nous autres étrangers, venus d'au delà de l'Atlantique? Simplement parce qu'elles croyaient que nous étions des messagers d'amitié et d'espérance, et ces fleurs étaient leur humble offrande de gratitude dispensée à des amis venus de si loin pour leur apporter un si grand espoir.

Il serait inconcevable que nous puissions frustrer leur attente et nous ne la frustrerons pas. Un jour viendra où les hommes de l'Amérique regarderont en arrière, avec émotion, avec un orgueil grandissant, en songeant qu'ils ont eu le privilège d'accomplir le sacrifice nécessaire, de rassembler leurs forces matérielles et morales pour la cause de la justice envers les hommes de toutes les races dans l'univers.

Que Dieu nous donne la force et la clairvoyance d'achever cette tâche avec sagesse. Que Dieu nous donne la grâce de constater que nous l'avons accomplie sans en calculer le prix, simplement parce que nous étions de véritables Américains, fervents adeptes de la liberté et du droit.

APPENDICE

Département d'État.
Washington, 20 juin 1916.

Monsieur,

J'ai lu la communication que vous m'avez fait parvenir le 22 mai 1916, d'accord avec les instructions du chef du gouvernement provisoire du Mexique, sur la question de la présence des troupes américaines en territoire mexicain. Je manquerais de sincérité si, avant de répondre aux allégations de fait et aux conclusions qu'en a tirées votre gouvernement, je n'exprimais la surprise et le regret qui ont été causés à mon Gouvernement par le ton discourtois et le caractère de la dernière communication du gouvernement provisoire du Mexique. Le Gouvernement des États-Unis a assisté avec une profonde affliction et un désappointement croissant aux progrès de la Révolution au Mexique. Les progrès de la Révolution ont été

______

(¹) Cette note est traduite dans l'ouvrage de M. Gabriel Alphaud, *Les États-Unis contre l'Allemagne*, tome II, p. 251 et suiv. (Paris, Payot, 1917). Nous nous inspirons de cette traduction, en la modifiant en d'assez nombreux passages. Nous traduisons le texte du *New York American*, du 21 juin 1916.

marqués par de constantes effusions de sang et par
des désordres. Depuis trois ans, la République mexicaine est déchirée par des luttes intérieures. La vie
de nombreux Américains et d'autres étrangers y est
sacrifiée. De vastes propriétés, agrandies par l'esprit
d'entreprise et soutenues par les capitaux des Américains, sont détruites ou rendues improductives. On
a permis à des bandits d'aller et venir à leur guise
dans le territoire contigu aux États-Unis et de s'emparer, — sans châtiment ou sans tentative efficace de
châtiment, — des biens des Américains, tandis que
d'autres citoyens américains, qui avaient couru le
risque d'habiter en territoire mexicain ou d'y retourner pour défendre leurs intérêts, ont été mis à mort
(en certains cas de la manière la plus barbare) sans
que les assassins aient jamais été appréhendés ou
traînés en justice. Il serait difficile de trouver dans
les annales de l'histoire du Mexique des conditions
plus déplorables que celles qui ont existé au Mexique
pendant ces récentes années de guerre civile.

Il serait fastidieux de passer en revue un par un
les outrages et les crimes atroces, pour mettre en
lumière la véritable situation et démontrer à quel
point triomphent l'anarchie, la violence et l'illégalité.

Durant les derniers neuf mois en particulier, la
frontière des États-Unis, le long du bas Rio-Grande,
fut plongée dans une agitation et un trouble con-
stants, par suite, tantôt de fréquentes et soudaines
incursions en territoire américain, tantôt de déprédations et de meurtres commis sur le sol américain.
Des bandits mexicains y assassinèrent des citoyens
américains, détruisirent leurs propriétés, parfois
même emmenèrent des citoyens américains de l'autre
côté de la frontière avec leur butin. Des garnisons américaines furent attaquées de nuit, des soldats américains tués, leurs équipements et leurs chevaux volés.
Des raids criminels eurent lieu dans les fermes d'éle-

vage (ranchos), notre bien fut volé et détruit. On fit
dérailler les trains américains pour les piller. Les attaques de Brownsville, du bac de Red House, de la
poste de Progreso et de Las Peladas, qui toutes ont
eu lieu en septembre dernier, sont caractéristiques.
Au cours de ces attaques sur le territoire américain,
des partisans carranzistes, voire même des soldats
carranzistes, prirent part au pillage, à l'incendie et à
l'assassinat. Non seulement ces meurtres furent marqués par d'impitoyables brutalités ; mais on retrouva
la preuve de mutilations indignes des peuples civilisés.

Des représentations furent adressées à ce moment
au général Carranza. Il fut formellement mis en demeure de mettre fin à des actes aussi répréhensibles
dans le territoire qu'il a depuis longtemps déclaré
être sous sa complète autorité.

En dépit de ces représentations et des promesses
du général Nafarroto d'empêcher toute attaque le
long de la frontière, des bandits, dans le courant du
mois d'octobre suivant, firent dérailler des trains de
voyageurs. Plusieurs personnes furent tuées, à sept
milles au nord de Brownsville, et quelques jours plus
tard, des troupes américaines furent attaquées à la
même place. Depuis ces attaques, les chefs des bandits et partisans bien connus des autorités mexicaines,
civiles et militaires, ainsi du reste que des officiers
américains, ont joui avec impunité de l'anarchie et
de la liberté d'action accordées aux villes du nord du
Mexique. L'indifférence à l'égard de ces atrocités de
la part du gouvernement provisoire mexicain est telle
que quelques-uns de ces chefs de bande, d'après les
informations que j'ai reçues, ont non seulement reçu
la protection de ce gouvernement, mais encore des
assistances et des encouragements.

Les dommages subis au point de vue des personnes
et des biens américains sur territoire mexicain sont

encore allés en s'aggravant. Le gouvernement des
États-Unis a maintes fois demandé, et de la façon la
plus ferme, que le gouvernement provisoire mexicain assure la sauvegarde des vies et des foyers des
citoyens des États-Unis et fournisse aux intérêts
américains la protection que les obligations internationales lui imposent, dans les États du nord du
Mexique (Tamaulipas, Nuevo Léon, Coahuila, Chihuahua et Sonora) ainsi que dans les États du sud. Par
exemple, le 3 janvier 1916, des troupes furent requises
d'avoir à châtier les bandes hors la loi, qui pillaient
les propriétés minières de Cusi, à quatre-vingts milles
à l'ouest de Chihuahua. Aucun résultat appréciable
ne suivit cette demande de répression. Dans le cours
de la semaine suivante, le bandit Villa, avec une
troupe d'environ deux cents hommes, opéra sans
résistance entre Rubio et Santa Ysabel, fait bien
connu des autorités carranzistes.

Ce jour-là, un certain nombre d'infortunés Américains quittait par chemin de fer la ville de Chihuahua
pour visiter les mines de Cusi. Ils reçurent l'assurance des autorités carranzistes de l'État de Chihuahua que le pays était sûr et que l'escorte du train
n'était point nécessaire. Les Américains étaient por-
teurs de passeports et sauf-conduits délivrés par les
autorités du gouvernement provisoire. Le 10 janvier,
le train fut arrêté par les bandits de Villa ; dix-huit
Américains furent dépouillés de leurs vêtements et
fusillés de sang-froid. C'est ce que l'on désigne aujourd'hui sous le nom bien connu du « massacre de
Santa Ysabel ». Le général Carranza déclara aux
représentants du Département d'État qu'il avait donné
des ordres pour la poursuite immédiate, la capture
et le châtiment des bandits responsables de ce crime
atroce. Il demanda au Gouvernement et au peuple
des États-Unis de vouloir bien tenir compte des difficultés de protection de la ligne du chemin de fer

dans la zone où le massacre avait eu lieu. Des assurances furent également données par M. Arredondo, vraisemblablement en conformité des instructions reçues par lui de la part du Gouvernement provisoire, que les meurtriers seraient traduits en justice ; des mesures seraient au surplus prises pour remédier à l'état de choses existant dans l'État de Durango. Il est vrai de dire que Villa, Castro et Lopez furent publiquement déclarés hors la loi et soumis à arrestation et exécution. Or, autant qu'on a pu le savoir depuis, un seul homme, personnellement compromis dans ce massacre, fut traduit en justice par les autorités mexicaines.

Moins d'un mois après cette tuerie barbare d'inoffensifs Américains, il était de notoriété que Villa opérait à moins de vingt milles de Cusihuiriachic. Il déclarait publiquement poursuivre la destruction des propriétés américaines et en vouloir à la vie des citoyens des États-Unis. En dépit des demandes répétées et pressantes qu'une protection militaire fût accordée aux Américains, Villa poursuivit ses opérations, s'approchant de plus en plus de la frontière. La route ne lui en fut pas coupée. Ses mouvements ne furent point entravés par des troupes du Gouvernement provisoire, aucune tentative digne de ce nom ne fut faite pour l'empêcher de mener à leur fin ses mauvaises intentions, à l'égard des Américains. En fait, selon mes informations, tandis que Villa et sa bande avançaient lentement vers la frontière américaine dans le voisinage de Columbus (Nouveau Mexique), pas un seul soldat mexicain régulier n'apparut dans son voisinage, et cependant les autorités mexicaines étaient bien au courant de ses mouvements. A la date du 6 mars, en effet, ainsi qu'il l'annonça publiquement, le général Gavira informa les autorités militaires américaines de l'approche du bandit à la frontière, de façon qu'on se préparât à empêcher Villa de la franchir. L'activité non entravée de Villa aboutit à l'attaque, de sang-froid et nullement provoquée, de soldats et de citoyens américains dans la ville de Columbus au cours de la nuit du 9 mars. Les détails de l'attentat n'ont pas besoin d'être rappelés ici pour vous en remettre en mémoire le caractère odieux. Après avoir assassiné, brûlé et pillé, Villa et ses bandits, fuyant vers le sud, passèrent en vue du poste militaire carranziste de Casas Grandes et aucun effort pour les arrêter ne fut fait par les officiers et la garnison du Gouvernement provisoire qui se trouvaient en cet endroit.

En présence de ces attentats, dirigés non seulement contre la vie d'Américains et les propriétés américaines en territoire mexicain, mais encore contre la vie de soldats, de citoyens et de foyers américains en territoire des États-Unis, il fallait induire ou bien que le général Carranza était impuissant à assurer l'ordre, ou bien qu'il considérait inopportun d'arrêter et de châtier les coupables. Les États-Unis étaient en conséquence contraints de recourir à l'emploi de leur propre force pour disperser les groupes de bandits mexicains, dont l'audace toujours croissante multipliait les raids de ce côté de la frontière. Les brigands, auteurs de l'attaque de Columbus, furent repoussés de l'autre côté de la frontière par la cavalerie américaine, et peu après, dès qu'une force suffisante fut réunie, commença la poursuite en territoire mexicain dans le but de capturer et de détruire cette bande.

N'ayant pu obtenir, pour cette poursuite, aucune coopération ou assistance du Gouvernement provisoire, en dépit des demandes répétées du Gouvernement des États-Unis, et Mexico n'ayant exprimé aucun désir de mettre une fin à ces raids systématiques ou de punir les principaux auteurs des crimes commis, les Américains, parce que ces raids menacaient les bonnes relations des deux pays, poursuivirent les bandes « hors la loi » jusqu'à Parral. Cette poursuite fut entravée par l'hostilité de certains Mexicains, considérés comme sujets loyaux par le Gouvernement provisoire lui-même. Ces Mexicains se rangèrent du côté des « hors la loi » et devinrent les protecteurs de Villa et de ses bandes.

C'est ainsi et pour ces raisons que les troupes américaines pénétrèrent en territoire mexicain.

Connaissant pleinement les circonstances exposées, le Gouvernement provisoire ne peut pas ne pas voir la nécessité qui contraignit le Gouvernement des États-Unis à agir. Cependant il lui semble bon de faire état de sentiments d'hostilité non justifiés vis-à-vis de l'expédition américaine et de supposer au Gouvernement de Washington d'autres motifs de maintenir des troupes en territoire mexicain.

On prétend d'autre part que les troupes américaines traversèrent la frontière sans avoir tout d'abord obtenu le consentement ou la permission du Gouvernement provisoire. Il tombe sous le sens, puisque seule une action immédiate présentait de l'intérêt, qu'il n'était pas possible d'arriver sur ce sujet à un accord autre que celui du 10 mars 1913, présentement dénoncé par le général Carranza. Il fallait d'abord que notre expédition pénétrât en territoire mexicain si l'on voulait que cette expédition portât ses fruits. Les événements et la correspondance qui ont suivi ont bien démontré, à la satisfaction de Washington, que le général Carranza n'aurait vraisemblablement conclu aucune entente comportant un plan efficace quelconque pour la capture et la destruction des bandes de Villa. Alors que les troupes américaines progressaient rapidement vers le Sud à la poursuite des auteurs du raid, la forme et la nature de cette entente retenaient seules l'attention du général Carranza, et non point l'objectif pratique à atteindre. Le général Carranza s'occupait surtout de multiplier des restrictions qui pouvaient être imposées aux forces américaines, afin de retarder leur progression : il ne songeait pas aux obstacles qu'il aurait pu opposer à la retraite et à la fuite des bandits. Ce fut le général Carranza qui suspendit, par sa note du 12 avril, toute discussion et négociation en vue de l'accord à développer sur les bases des protocoles existants entre les États-Unis et le Mexique et conclus pendant la période 1882-96. Grâce à ces accords, les deux pays avaient, avec succès, ramené de paisibles conditions de vie dans leur zone frontière. Il convient de relever ici le passage de votre argumentation où vous prétendez que « le Gouvernement américain ne fit point de réponse à votre note du 12 avril ». Washington répondit à cette note à la date du 14 avril, date à laquelle le Ministre des Affaires étrangères mexicain donna télégraphiquement pour instructions à M. Rodgers de transmettre la réponse de notre Gouvernement au général Carranza. Peu de temps après cette communication, les conférences entre les généraux Scott, Funston et Obregon s'ouvrirent à El Paso ; c'est au cours de ces entrevues qu'ils signèrent, le 2 mai, un projet de convention concernant le retrait des troupes américaines.

Comme preuve de la prétendue mauvaise foi du Gouvernement américain, vous affirmez que « bien que le général Scott déclare que la destruction et la dispersion de la bande de Villa sont un fait accompli », les troupes américaines n'ont pas été retirées du territoire mexicain. Il suffit uniquement de lire la note, rédigée en anglais, pour se rendre compte que c'est là certainement une affirmation inexacte. La note, en effet, dit que « l'expédition américaine de police a détruit ou dispersé beaucoup d'éléments « hors la loi » et de bandits..., ou les a repoussés au loin à l'intérieur du territoire mexicain » ; et plus loin que « les

forces des Etats-Unis étaient alors en train de poursuivre vigoureusement de petits détachements de
bandits et des éléments irréguliers qui peuvent avoir
échappé ».

La rédaction de votre note donne l'impression que
le but de l'expédition étant un fait accompli, les
États-Unis avaient admis dans le memorandum qu'ils
allaient aussitôt retirer leurs troupes. Le memorandum montre pourtant que ce n'était pas seulement
en raison d'une dispersion partielle des bandits qu'il
avait été décidé de retirer les forces américaines,
mais également en raison des assurances données
par le Gouvernement mexicain que ses propres forces
étaient « à présent augmentées en nombre à un point
tel qu'elles pourraient empêcher tous désordres au
Mexique susceptibles d'une façon ou d'une autre de
mettre en danger une partie du territoire américain ;
qu'au surplus les forces mexicaines continueraient à
poursuivre sans cesse, à faire capituler ou à détruire
toutes les bandes irrégulières de criminels qui pourraient encore exister ou viendraient à se former dans
les régions septentrionales du Mexique » ; qu'enfin
le Gouvernement mexicain « ferait une répartition
convenable de ses forces afin d'empêcher une invasion quelconque du territoire américain du côté du
Mexique ».

Ce fut en raison de ces assurances et en raison de
la certitude du général américain Scott qu'elles seraient dûment remplies, qu'il fut inséré dans le memorandum que les troupes américaines seraient
« retirées graduellement ». Il est à remarquer qu'alors
que le Gouvernement des États-Unis était prêt à rati-
fier cette entente, le général Carranza refusa de le
faire, s'il faut en croire la déclaration du général
mexicain Obregon, sous ce prétexte, entre beaucoup
d'autres, que cet accord imposait des conditions
inacceptables pour le Gouvernement de Mexico.

Président Wilson.   32

Quelles que soient les assurances données dans le memorandum, c'est un fait bien connu que les forces du Gouvernement provisoire mexicain n'entreprirent pas la poursuite vigoureuse des débris des bandes Villa et qu'aucune répartition convenable des forces mexicaines pour empêcher l'invasion du territoire américain ne fut faite, ainsi que démontreront les faits énoncés ci-après. Il m'est pénible d'être amené à cette conclusion (qui ressort de ces circonstances) que le Gouvernement provisoire, en dépit des crimes commis et des sinistres desseins de Villa ou de ses partisans, n'eut pas et n'a pas encore actuellement l'intention de voir ces bandits capturés, détruits ou dispersés par les troupes américaines ou, comme le demande le Gouvernement américain, par les troupes mexicaines.

Pendant que les conférences d'El Paso se poursuivaient et après que les délégués américains eurent reçu l'assurance, à la date du 2 mai, que les troupes mexicaines dans les régions septentrionales du Mexique avaient été renforcées de façon à empêcher tout désordre susceptible de mettre en danger le territoire américain, une bande de Mexicains, pendant la nuit du 5 mai, attaqua Glenn Springs (Texas) à environ vingt milles au nord de la frontière, tua des soldats et des civils américains, brûla et saccagea une propriété, enleva et garda prisonniers deux Américains. A la suite de cet événement, le Gouvernement mexicain « donna », comme vous le dites, « instructions » au général Obregon « de notifier aux autorités des États-Unis qu'il ne permettrait pas que la frontière fût à nouveau franchie par des troupes américaines en répression de cet événement, et que des ordres avaient été donnés à tous les commandements militaires de la frontière de s'opposer à tout passage nouveau des troupes américaines ».

Mon Gouvernement n'est naturellement pas en mesure de discuter l'affirmation que ces instructions aient été données au général Obregon, mais il nous est possible d'affirmer de la façon la plus formelle que le général Obregon n'a jamais rien notifié de la sorte au général Scott, ou au général Funston, ou autant qu'on sache, à aucun autre personnage officiel américain. Pourtant, le général mexicain Obregon s'efforça de savoir si des troupes américaines avaient pénétré dans le Mexique et y avaient poursuivi les auteurs du raid de Glenn Springs. Le général américain Funston répondit qu'aucun ordre n'avait été donné à des troupes des États-Unis de franchir la frontière à cause de ce raid. Cette déclaration fut faite « avant » que de tels ordres fussent émis et pas « après », comme le compte rendu erroné de l'entrevue inséré dans votre note tendrait à l'indiquer. En outre, aucune déclaration ne fut faite par les généraux américains « qu'aucune troupe américaine ne passerait plus en notre territoire ». Au contraire, on signala particulièrement au général Obregon et à M. Juan Amador, qui assistait à la conférence, que les bandits De La Rosa et Pedro Vino qui avaient été les instigateurs de l'invasion du Texas, au-dessus de Brownsville, étaient, en ce moment même, signalés dans le voisinage de Victoria et préparaient un autre raid au delà de la frontière. Il fut clairement exposé au général Obregon que si le Gouvernement mexicain ne prenait pas de mesures immédiates pour empêcher une autre invasion des États-Unis par ces brigands (que l'on voyait fréquemment du reste en compagnie du général Nafarrotto, officier constitutionnaliste), le Mexique trouverait à Tamaulipas une autre « expédition de châtiment » semblable à celle que Washington avait envoyée précédemment à Chihuahua.

Des troupes américaines franchirent la frontière mexicaine le 10 mai, après avoir donné avis aux au-

torités militaires locales, conformément à l'arrangement répudié du 10 mars 1913 ; ou, en tout cas, en
conformité des mesures adoptées depuis plus de qua-
rante ans, alors qu'aucun arrangement n'existait sur
la poursuite des bandits au delà des frontières. Ces
troupes avancèrent de cent soixante-huit milles en territoire mexicain à la poursuite des bandits de Glenn
Springs sans rencontrer un détachement de troupes
régulières mexicaines ou un seul soldat mexicain.

Discuter plus avant ce raid est superflu, puisque
les forces américaines envoyées à la poursuite des
bandits repassèrent la frontière du Texas dans la ma-
tinée du 22 mai, date précise de votre note sous
examen : ce qui constitue une nouvelle preuve de
l'unité de vue du Gouvernement de Washington, désireux de mettre un terme au désordre et d'en finir
avec l'anarchie qui désolait la frontière.

Vous prétendez qu'au cours des conférences d'El
Paso, le général Scott ne prit point en considération
le plan proposé par le Gouvernement mexicain et
qui consistait en un échelonnement de troupes organisé de part et d'autre le long de la zone frontière.
Cette proposition fut faite par le général Obregon à de
nombreuses reprises, mais chaque fois, sous
l'expresse condition du retrait immédiat des troupes
américaines. Chaque fois les délégués mexicains
furent par nous invariablement avisés que le retrait
immédiat de nos troupes ne pouvait avoir lieu, et
qu'il était en conséquence impossible de discuter la
proposition faite avec cette condition pour base. J'ai
observé que votre communication ne se limite pas à
la discussion des déplorables conditions d'existence
le long de la frontière et de leurs graves conséquences
sur les paisibles relations de nos Gouvernements,
mais qu'un effort est tenté pour les relier à d'autres
circonstances de façon à étayer, si possible, une
fausse interprétation de l'attitude du Gouvernement

des États-Unis vis-à-vis du Mexique. Vous soutenez
en effet que le Gouvernement américain a soulevé
tous les obstacles possibles sur le chemin de la pacification du Mexique, et que cela ressort du volume
des représentations diplomatiques sur la défense des
intérêts américains qui constamment arrêtent, selon
vous, la réorganisation des conditions politiques,
économiques et sociales du pays. Vous tirez argument de l'aide formelle prêtée à un moment donné à
Villa par des officiers américains et par le département d'État; de secours fournis au clergé mexicain
par le clergé catholique américain; de l'excitation
constante de la presse américaine en faveur de l'intervention; des intérêts des hommes d'affaires américains; des abris et de l'approvisionnement fournis
à des rebelles et à des conspirateurs mexicains réfugiés en territoire américain; de la détention du char-
gement de certains navires à bord desquels se trouvaient des armes et des munitions achetées par le
Gouvernement mexicain ou des machines-outils destinées à leur fabrication.

En réponse à cette charge à fond, je puis loyalement affirmer que le Gouvernement américain a
donné tous encouragements possibles au Gouvernement provisoire pour la pacification et la restauration
du Mexique. Dès qu'il fut reconnu, le Gouvernement
mexicain reçut de notre Gouvernement tout l'appui
possible. L'embargo a été mis sur des armes et des
munitions ayant pour destination Chihuahua, Sonora
et la Basse Californie, de façon à les empêcher de
tomber entre les mains des adversaires du Gouvernement mexicain actuel. De temps en temps, parce que
Mexico le demandait, la permission fut donnée à des
troupes régulières mexicaines et à leurs convois de traverser le territoire américain pour se rendre d'un point
du Mexique à un autre, afin de faciliter ainsi les opérations des troupes mexicaines contre Villa et ses forces.

Étant donnés tous ces actes amicaux, je suis surpris que le Gouvernement provisoire ait formulé des
représentations diplomatiques sur le traitement injuste fait aux intérêts mexicains, sur l'assistance privée donnée aux adversaires du Gouvernement provisoire, sur leurs intrigues en pays étranger, sur
l'activité d'une presse étrangère intervenant, d'accord
avec le Gouvernement des États-Unis, dans la politique intérieure du Mexique.

S'il est utile de démentir que le Gouvernement
américain ait jamais été inspiré dans ses représentations diplomatiques par des arrière-pensées et des
motifs inavouables, qu'il ait soutenu l'activité des
partisans américains et la presse américaine opposée
au Gouvernement provisoire, je suis heureux de saisir cette occasion pour faire entendre la plus formelle
dénégation. Au surplus c'est un fait connu de tous
que la presse mexicaine a été beaucoup plus active
que la presse des États-Unis pour essayer d'enflammer les deux peuples l'un contre l'autre et pour amener les deux pays à un état d'hostilité. Lorsqu'on
songe à la formidable censure exercée si rigoureusement sur la presse mexicaine par le Gouvernement
provisoire, la responsabilité de l'activité de la presse
ne peut, il me semble, être rejetée par le Gouvernement mexicain. La publication de l'appel du général
Carranza lui-même, dans la presse du 12 mars, demandant au peuple mexicain d'être prêt à toutes
éventualités qui surgiraient et donnant à entendre
que la guerre avec les États-Unis était imminente,
fournit la preuve de la connivence du Gouvernement
provisoire avec les auteurs de ces articles.

Il ne peut surprendre qu'après de telles manifestations d'hostilité, les États-Unis aient douté un moment du but auquel étaient destinées les grandes
quantités de munitions que le Gouvernement provisoire paraissait anxieux d'importer des États-Unis.

En outre, la politique du Gouvernement provisoire, en refusant de coopérer et en manquant d'agir avec indépendance pour détruire les bandes de Villa et supprimer d'autre part les « hors la loi » dans le voisinage de la frontière (de façon à écarter les dangers inhérents au transport du matériel de guerre au sud de la frontière qui risquait de tomber dans les mains des ennemis de la loi et de l'ordre) est, à l'estime de Washington, une raison suffisante, même en l'absence de toute autre, pour refuser à ce matériel de guerre de traverser la frontière et pénétrer dans une région infestée de bandits. Permettre leur embarquement sans examen approfondi aurait été faire croire, dans la circonstance, à une sécurité qui n'existait pas.

La franchise m'oblige à ajouter : 1º que l'hostilité peu déguisée des commandants militaires aux ordres du Gouvernement provisoire, à l'égard des troupes américaines engagées à la poursuite des bandes de Villa ; 2º que les efforts du Gouvernement provisoire pour nous contraindre à retirer ces troupes du territoire mexicain et allant dans ce but jusqu'à la menace ou au déploiement de forces militaires, tandis qu'on devait nous aider à capturer les insoumis, tout cela constitue une menace pour la sécurité des troupes américaines, un danger pour la paix dans la zone frontière.

Tant que cette menace subsiste et qu'on est fondé à attribuer au Gouvernement provisoire ou à ses commandants militaires l'intention d'employer la force contre les troupes américaines, au lieu de coopérer avec elles, le Gouvernement des États-Unis ne permettra pas l'exportation au Mexique de munitions de guerre ou de l'outillage utile à leur fabrication. Quant à l'asile et aux approvisionnements fournis aux rebelles et aux conspirateurs sur le territoire américain, je puis affirmer que des efforts énergiques

ont été et sont faits par les agents américains pour
traduire devant les tribunaux toute personne surprise
en conspiration contre la violation des lois des Etats-
Unis et s'efforçant d'organiser une résistance armée
contre le Gouvernement provisoire du Mexique. Des
réfugiés politiques ont sans aucun doute cherché
asile aux États-Unis. Mais le Gouvernement des États-
Unis les a avec vigilance maintenus en surveillance,
n'a pas hésité à les faire arrêter sur la preuve de
leurs intentions criminelles, ainsi que l'arrestation
du général Huerta et d'autres réfugiés le prouve am-
plement.

Voici donc réfutées les assertions erronées auxquelles j'ai fait allusion. La situation réelle se présente dès lors sous son jour véritable. Il est reconnu
que les troupes américaines ont franchi la frontière
en poursuivant vivement les auteurs du raid de Columbus, sans en donner avis à votre Gouvernement
et sans son consentement. Mais il y a de nombreuses
assurances, — émises en parfaite bonne foi, — de la
part de Washington, du président Wilson, du Département des Affaires étrangères, et de toutes autres
autorités américaines, que l'unique objet de l'expédition fut de capturer, de détruire et de disperser
complètement les bandes « hors la loi » de Villa, ou
bien de confier ce devoir aux autorités mexicaines,
dès que la certitude existera que cette tâche sera
effectivement remplie.

A ces efforts obstacle a été mis à chaque pas,
d'abord en insistant sur une convention visiblement
inopérante qui, vous l'admettez, ne pouvait s'appliquer à l'expédition actuelle ou devait renfermer des
restrictions impraticables sur son organisation et son
opération; puis par une opposition constante, encou-
ragée et alimentée par le Gouvernement provisoire,
à une plus grande avance de l'expédition dans le
territoire de Villa, laquelle fut suivie d'une suspen-

sion brusque de toutes négociations tendant à l'accord dans la poursuite de Villa et de ses partisans et à la protection de la frontière ; enfin par la demande de retrait immédiat des troupes américaines.

Entre temps les conditions d'anarchie dans les provinces frontières du Mexique empiraient continuellement. Des incursions en territoire américain étaient tramées et commises. Le raid de Glenn Springs était exécuté avec succès, cependant qu'aucun effort effectif n'était tenté par le général Carranza pour améliorer les choses et pour protéger le territoire américain contre les constantes menaces d'invasion : en présence de cette menace croissante, de l'inaction des forces de Carranza, du manque de coopération dans l'arrestation des bandes de Villa, de l'encouragement ouvert et de l'aide donnés aux chefs des bandits, il est déraisonnable d'attendre que les États-Unis retirent leurs forces du territoire mexicain et n'y pénètrent pas encore, alors que leur présence constitue l'unique solution pour prévenir d'autres actes de brigandage alors qu'elle est le seul moyen efficace de protéger la vie de citoyens et de foyers américains, — sauvegardes que manifestement le général Carranza ne peut ou ne veut pas nous donner, bien qu'il y soit tenu par ses devoirs internationaux.

Étant donné l'état actuel des choses telles que je les ai exposées ci-dessus, je suis maintenant à même de considérer les conclusions que vous avez tirées, dans votre note, des faits erronés mis en avant.

Votre Gouvernement insinue, s'il ne nous en accuse pas ouvertement, que l'attitude des États-Unis est faite d'insincérité, de défiance et de suspicion à l'égard du Gouvernement provisoire du Mexique ; que l'intention des Etats-Unis en envoyant ses troupes au Mexique est d'étendre sa souveraineté sur le territoire mexicain, et non pas essentiellement de poursuivre des bandits ou d'empêcher de futurs raids à travers la frontière. Le Gouvernement provisoire, par une induction qui n'admet qu'une seule interprétation, accuse le Gouvernement des États-Unis d'avoir comme unique souci l'accroissement de son territoire, même au prix d'une guerre d'agression contre un voisin affaibli par des années de lutte civile.

Le Gouvernement des États-Unis, s'il avait eu des vues sur le territoire du Mexique, n'aurait eu aucune difficulté à trouver, durant cette période de révolution et de désordre, beaucoup de plausibles arguments d'intervention en territoire mexicain. Il a fait des vœux au contraire pour que le peuple du Mexique arrivât par ses propres forces à restaurer la paix et à établir un Gouvernement régulier. Le Gouvernement des États-Unis n'a pas cessé d'attendre patiemment la fin de la Révolution.

Lorsque la supériorité du parti qui avait à sa tête le général Carranza fut évidente, les États-Unis, après en avoir conféré avec six autres républiques américaines, reconnurent sans condition le présent Gouvernement provisoire. On espérait et on s'attendait à ce que le Gouvernement ramenât rapidement l'ordre et fournît au peuple mexicain, à tous ceux qui avaient donné leur énergie et leur force au développement des grandes ressources de la République l'occasion de reconstruire en paix et en sécurité leurs fortunes délabrées.

Washington a vu sombrer, mois par mois, ses espoirs et ses désirs. En dépit des motifs toujours plus grands de découragement, malgré les provocations multiples qui incitaient à employer la force pour ramener l'ordre dans les régions septentrionales du Mexique où les intérêts américains ont le plus sévèrement souffert de l'anarchie, le Gouvernement des Etats-Unis s'est abstenu d'actions agres-

sives et s'est efforcé par des exhortations et des
demandes modérées, bien que fort explicites, de
persuader le Gouvernement provisoire du sérieux de
la situation. Washington a tenté d'élever Mexico à la
hauteur de son devoir pour remplir toutes obligations internationales dues aux citoyens des États-
Unis établis sur territoire mexicain ou qui y ont employé d'une façon ou d'une autre des capitaux.

En présence des preuves constamment renouvelées
de la patience et de la modération de Washington
en face d'une situation que seul pouvait supporter
un Gouvernement imbu de désintéressement et du
sincère désir de respecter jusqu'à l'extrême les droits
souverains et la dignité nationale du peuple mexicain, les doutes et les suspicions exprimés sur les
intentions des États-Unis, dans votre communication
du 22 mai, ne me paraissent pas avoir d'autre but
que de mettre en cause la bonne foi de mon Gouvernement; car, j'ai grand'peine à croire que de telles
insinuations ne soient pas universellement considérées comme émises sans certitude, sans l'ombre
d'une justification de fait.

Le Gouvernement provisoire peut-il douter un
instant que si les États-Unis avaient jeté des regards
avides sur le territoire mexicain, ils n'eussent pas
trouvé dans le passé de nombreux prétextes pour
satisfaire leur désir? Ce Gouvernement peut-il douter qu'il y a quelques mois, alors que la guerre entre
les fractions révolutionnaires battait son plein, la situation offrait une bien meilleure occasion qu'aujourd'hui à une intervention américaine, si tel avait
été le but poursuivi par les États-Unis, ainsi que l'insinue maintenant le Gouvernement provisoire? Quel
motif aurions-nous eu, en nous refusant de prendre
avantage de telles occasions, si ce n'eût été notre
amitié désintéressée pour la République mexicaine?

Quant à l'accusation, — que j'ai naturellement

examinée, — que notre Gouvernement est largement responsable de la situation présente, voici. Tout d'abord, vous prétendez que les forces américaines à proximité de la frontière, même si leur attention n'est pas distraite par d'autres opérations militaires, « se trouvent dans l'impossibilité matérielle de protéger effectivement la frontière du côté américain seul ». Il est évident que, s'il n'existe pas de moyens pour atteindre des bandes errant sur territoire mexicain et faisant de soudaines incursions de nuit sur territoire américain, il est à plus forte raison impossible d'empêcher de telles invasions à moins de protéger la frontière par un cordon de troupes. Lorsque, en particulier, l'État voisin ne fait pour son compte aucun effort pour empêcher ces attaques, on ne peut attendre d'aucun gouvernement le maintien d'une force armée de cette importance, tout le long de la frontière d'une nation avec laquelle on vit en paix, alors que seul le but poursuivi est de résister aux assauts de quelques bandes d'hommes « hors la loi ».

La méthode la plus efficace pour empêcher des raids de cette nature est, ainsi que l'expérience acquise l'a démontré, de poursuivre jusqu'en leur repaire les coupables, pour les châtier ou les anéantir. C'est précisément ce plan que les États-Unis désirent suivre dans les régions frontières, sans empiéter aucunement sur les droits souverains de leurs voisins ; plan indiscutablement avantageux pour le Gouvernement provisoire et que celui-ci cependant se refuse à admettre ou à appuyer. Ce qui préoccupe les États-Unis, ce n'est, en fait, que la protection de la vie et de la propriété américaines, et non les méthodes ou moyens par lesquels on peut arriver à cette protection. Si le Gouvernement mexicain n'est pas désireux ou est incapable d'offrir cette protection, en tolérant que son propre territoire soit le rendez-vous et le refuge des assassins et des pillards, cela ne le libère pas du devoir de prendre toutes les mesures nécessaires à la sauvegarde des citoyens américains sur le sol américain. Le Gouvernement des États-Unis ne peut pas et ne veut pas permettre à des bandes d'hommes sans frein ni loi de s'établir à proximité de ses frontières, avec liberté d'envahir et de razzier impunément le territoire américain ; puis, dès que ces bandes sont pourchassées, de trouver la sécurité de l'autre côté du Rio Grande, escomptant l'argument de leur Gouvernement que l'intégrité du sol de la République mexicaine ne doit pas être violée.

Le Gouvernement mexicain donne d'autre part l'assurance qu'il a « fait les plus grands efforts pour protéger la frontière » et qu'il fait « tout le possible » pour éviter le retour de semblables faits. J'attire à nouveau l'attention sur l'activité bien connue et nullement contraire de De La Rosa, Ancieti Piscano, Pedro Vinos et d'autres organisateurs des raids de frontière. J'ai été informé que, jusqu'au 4 juin, De La Rosa s'occupait encore de rassembler des troupes à Monterey dans le but nettement avoué d'attaquer des villes frontières du Texas, tandis que Pedro Vinos recrutait dans d'autres villes, pour le même but, ouvertement. J'ai déjà signalé les progrès ininterrompus de Villa dans la Colombie, et le fait que les troupes américaines à la poursuite des pillards de Glenn Springs pénétrèrent de cent soixante-huit milles en territoire mexicain sans rencontrer un seul soldat carranziste. Ceci n'indique pas que le Gouvernement mexicain fasse « tout le possible » pour éviter de futurs raids ; et même s'il fait « tout le possible » cela ne suffit pas à empêcher des raids de frontière ! En conséquence, il y a tout lieu pour mon gouvernement de prendre toutes mesures préventives qu'il juge nécessaires.

On a suggéré que les méfaits subis du fait des raids des bandits sont sujets à « réparation pécuniaire », et ne seront « jamais la raison pour des forces américaines d'envahir le sol mexicain ». Les usages qui ont été établis et pratiqués par le gouvernement de la République mexicaine durant le dernier demi-siècle ne viennent pas fortifier cette déclaration. Il est devenu pour ainsi dire constant de ne pas régler les déprédations provenant du fait des bandits uniquement par des versements en espèces, mais de mettre fin à de tels désordres et d'empêcher semblables crimes par des châtiments rapides et sûrs.

Le Gouvernement provisoire tire enfin argument que « si la frontière était dûment protégée contre des incursions venant du Mexique, il n'y aurait plus de motif aux présentes difficultés ». C'est ainsi que le Gouvernement provisoire cherche à s'absoudre lui-même du premier des devoirs d'un Gouvernement, qui est de protéger la vie et la propriété. C'est l'obligation souveraine pour laquelle les Gouvernements sont institués, et les Gouvernements qui négligent ce devoir ou manquent de l'accomplir ne sont pas dignes du titre de Gouvernement.

C'est parce qu'on n'accomplissait pas ce devoir que le général Carranza fit sa révolution à Mexico et organisa le Gouvernement actuel. A cause de cela le Gouvernement des Etats-Unis reconnut son gouvernement comme le Gouvernement provisoire du Mexique. La protection des vies et propriétés mexicaines est aux Etats-Unis la première obligation de mon Gouvernement, et à Mexico la première obligation du Gouvernement mexicain doit être équivalente à l'obligation des États-Unis. En assurant une certaine protection le long de la frontière commune, les Etats-Unis ont droit à la coopération de la République voisine. Et pourtant, au lieu de prendre des mesures pour entraver les raids et punir leurs auteurs, le Gouvernement provisoire temporise et fait des objections aux mesures prises par les États-Unis.

Le Gouvernement des États-Unis ne veut pas croire que le Gouvernement provisoire approuve les attaques de bandits. Cependant comme elles se renouvellent, il faut en conclure que le Gouvernement mexicain n'est pas capable de les réprimer. Cette incapacité, ainsi que mon Gouvernement a eu l'occasion de le déclarer dans le passé, peut excuser l'absence de répression, mais elle n'en rend que plus impérieux le devoir des États-Unis de sévir. Si le Gouvernement du Mexique ne peut protéger la vie et la propriété des Américains exposés aux attaques des Mexicains, le Gouvernement des États-Unis est contraint par son devoir de les protéger autant qu'il peut le faire.

Pour conclure, le Gouvernement mexicain invite les États-Unis à soutenir ses « assurances d'amitié par des actes tangibles et efficaces » qui « ne peuvent être autres que le retrait immédiat des troupes américaines ». Pour les raisons que je viens de développer à fond, cette demande du Gouvernement provisoire ne peut être prise en considération présentement. Les États-Unis n'ont pas recherché l'obligation qui leur est échue de poursuivre des bandits qui, d'après les principes fondamentaux du droit civil et du droit international devraient être poursuivis, arrêtés et punis par les autorités mexicaines.

Toutes les fois que le Mexique assumera et exercera effectivement cette responsabilité, les États-Unis, ainsi qu'il le fut déclaré à maintes reprises publiquement, seront heureux de voir cette obligation remplie par le Gouvernement provisoire du Mexique. Par contre, s'il plaît au Gouvernement provisoire d'ignorer ou de feindre ignorer cette obligation et de croire « qu'en cas de refus de retrait des troupes américaines il n'y aura pas d'autre voie à suivre qu'à défendre le territoire mexicain par un appel aux armes », le Gouvernement des États-Unis manquerait certainement de sincérité et d'amitié s'il n'exprimait pas clairement au Gouvernement provisoire que l'exécution de cette menace entraînerait les plus graves conséquences. Alors même que mon Gouvernement regretterait profondément une telle issue, il ne peut revenir sur la détermination prise de maintenir ses droits nationaux et d'accomplir son plein devoir, en empêchant de nouvelles invasions du territoire des États-Unis, et en écartant les périls que les Américains, tout le long de la frontière entre les deux nations ont si longtemps supportés avec patience et mansuétude.

Acceptez, etc...

Robert LANSING.

INDEX

nie du facteur ethnographique, 22.
— Se considère comme un simple
gérant dans ses colonies, 23. — Ne
poursuit aucun but égoïste, 83, 150,
162, 193, 228. — Doit renoncer à
son particularisme traditionnel, 89-
90. — Rompt les relations diplomatiques avec l'Allemagne, 118. —
Combattra l'Allemagne sans inimi-
tié pour le peuple allemand, 151.
— Amie de la France pour toujours,
401. — Le monde entier croit en
sa loyauté, 458, 462, 484. — Le
verdict de l'Amérique sur la question de la Ligue des nations n'est
pas douteux, 448, 483.

Anarchie. Condamnée par le Président Wilson, 210.

Annexions. Il ne faut pas d'annexions, 217.

Archibald (James-F.-J.). Journa-
liste américain à la solde de l'Allemagne, 40 note.

Armée de terre américaine. Limitée aux besoins strictement nécessaires, 43. — Augmentation re-
fusée, 52. — Doit être immédiatement augmentée de 500 000 hommes
(2 avril 1917), 143. — Forces envoyées en Europe jusqu'à l'armistice, 344.

Armements. Limitation des armements navals, 109. — De tous les
armements, 109, 134, 237.

Arménie. 187, 467.

Armistice. Notes qui ont précédé
l'armistice, 315-337. — Discours
au Congrès pour annoncer l'armistice, 338 et suiv.

*Association française pour la So-
ciété des nations.* Lettre que lui
adresse le Président Wilson, 428.

Attentats allemands. 40, 49-50,
51, 87, 148-149 et note, 225.

Autriche. Agit sur les ordres de

Berlin, 180, 181, 204. — Rupture
entre les États-Unis et l'Autriche,
213 et suiv. — Les États-Unis ne
désirent pas remanier l'empire austro-hongrois, 219. — L'Autriche
doit être libérée du joug prussien,
219. — Doit conserver un accès
aux voies maritimes, 223 et suiv.
— Les peuples de l'Autriche-Hongrie doivent devenir autonomes,
239. — Demande un échange de
vues entre elle et les États-Unis,
244. — Notes aux États-Unis pour
demander un armistice, 332, 335,
336.

B

Bagdad. Le chemin de fer Berlin-
Bagdad, 199, 203, 473.

Balfour. Discours sur les méthodes diplomatiques, 299 et suiv.

Balkans. Quel règlement comporte le problème balkanique, 239.

Baltimore. Discours à Baltimore
du 6 avril 1918, 258.

Belgique. Torts commis devront
être réparés, 218. — Doit être évacuée et restaurée, 238. — Traitement de faveur qui lui est dû, 346.

Benoît XV, pape. Ses propositions d'août 1917 en faveur de la
paix, 186. — Confond impartialité
et neutralité, 187. — Commentaires provoqués par cette note, 187
et suiv. — Réponse du Président
Wilson, 190 et suiv.

Bernstorff (Le comte Bernstorff,
ambassadeur d'Allemagne). Travaille à multiplier les attentats ter-
roristes en Allemagne, 40, 137.

Boston. Discours à Boston du 24
février 1919, 457 et suiv.

Boy-Ed, attaché naval allemand,
40.

TABLE DES MATIÉRES

<hr>

ERRATUM

Page 12, ligne 30. *Lire : 1902, au lieu de : 1892.*

CHARTRES. — IMPRIMERIE DURAND, RUE FULBERT